O FUTURO
HUMANIZADO DO
DIREITO

O FUTURO
HUMANIZADO DO
DIREITO

O FUTURO HUMANIZADO DO DIREITO

Copyright© 2020 by Literare Books International.
Todos os direitos desta edição são reservados
à Literare Books International.

Presidente:
Mauricio Sita

Vice-presidente:
Alessandra Ksenhuck

Capa e diagramação:
Gabriel Uchima

Revisão:
Rodrigo Rainho

Diretora de projetos:
Gleide Santos

Diretora executiva:
Julyana Rosa

**Gerente de marketing
e desenvolvimento de negócios:**
Horacio Corral

Relacionamento com o cliente:
Claudia Pires

Impressão:
Impressul

**Dados Internacionais de Catalogação na Publicação (CIP)
(eDOC BRASIL, Belo Horizonte/MG)**

F996   O futuro humanizado do direito / Coordenadores Carla Alessandra
        Branca, Douglas De Matteu. – São Paulo, SP: Literare Books
        International, 2020.
        14 x 21 cm

        ISBN 978-85-9455-299-0

        1. Literatura de não-ficção. 2. Direito – Filosofia. I. Branca, Carla
    Alessandra. II. Matteu, Douglas De.

                                       CDD 340

Elaborado por Maurício Amormino Júnior – CRB6/2422

Literare Books International Ltda.
Rua Antônio Augusto Covello, 472 – Vila Mariana – São Paulo, SP.
CEP 01550-060
Fone/fax: (0**11) 2659-0968
site: www.literarebooks.com.br
e-mail: contato@literarebooks.com.br

Apresentação

Quando idealizamos esta obra, tínhamos em mente tratar de temas que fazem parte de uma nova realidade no mundo jurídico. Tribunais já propagam essas realidades, como o uso da Justiça Restaurativa, uso das Constelações, um olhar diferente para o problema, não mais como mediador apenas, mas como parte integrante da solução dos conflitos.

Na década passada, não ouvíamos falar nos tribunais de ferramentas que não estivessem contidas em códigos, leis, jurisprudência. Percebemos a mudança de paradigma, quando o CNJ trouxe a Resolução nº 125, de 29 de novembro de 2010, que dispõe sobre a Política Judiciária Nacional de tratamento adequado dos conflitos de interesses no âmbito do Poder Judiciário.

Note que a resolução traz em seu bojo uma necessidade de adequar o tratamento dos conflitos, e isso se denota quando nas considerações lemos a preocupação em dar tratamento adequado aos problemas jurídicos e conflitos de interesses, utilizando outros mecanismos de solução de conflitos, como mencionado na norma.

E é nesse momento que esta obra se torna importante, pois da mesma forma que o Direito vem sofrendo mudanças ao longo dos últimos anos, nós, operadores do Direito, começamos a interagir com ferramentas como *Coaching*, Constelação Familiar, PNL e Pensamento Sistêmico, no mais, temos que todos os temas acima completam o novo cenário que estamos vivendo com a pandemia da COVID-19, que demonstrou que o uso da tecnologia se tornou primordial, pois, com o isolamento, falamos em trabalhos remotos ou em *home office*, videoconferências para atendimento de clientes, telemedicina, a utilização de plataformas para educação, empresas utilizando novos *marketplaces*, ou seja, da mesma forma como pensamos e falamos do futuro do Direito, e nele enxergamos técnicas de outras áreas, como *Coaching*, Constelação Familiar, PNL, agora olharemos as empresas do campo de vista tecnológico como nunca antes visto, inclusive com a lei da LGPD como princípio protecionista.

Portanto, queremos convidá-lo a mergulhar conosco nessa nova oportunidade, em que você, leitor, que de plano se identificou com o livro pelo título, vai poder compartilhar lições grandiosas que mudaram e continuarão mudando nossas vidas, nossas histórias, nossas realidades para as próximas décadas e séculos.

Os coordenadores.

Sumário

Introdução...9

**O fim do direito tradicional: novas posturas
para os profissionais do direito**..........................13
Douglas De Matteu, PhD &
Ivelise Fonseca De Matteu

**O advogado empreendedor:
novas competências**.....................................25
Claudia Helena Silva

**Superadvocacia: Tecnologia da Informação
e Tecnologia de Desenvolvimento Humano**...........41
Leila Santana Arias Cunningham

Pensamento sistêmico estratégico.....................61
Aloisio Espindola &
Carla Alessandra Branca

**A contribuição da Constelação
Sistêmica Familiar**......................................71
Cátia Lanzoni

Direito sistêmico.......................................81
Valéria Maria Gimenez Aguilar Rodrigues

Práticas em um escritório de advocacia sistêmico 93
Carla Alessandra Branca &
Carla Patricia Calderaro

O Direito Sistêmico e a Justiça Restaurativa: caminhos de acolhimento e reencontro! 105
Fabiana da Cunha Fernandes da Costa

Teoria dos Sistemas e Complexidade 115
Luci Mendes de Melo Bonini

Introdução

Caro advogado,

No momento em que escrevo esta introdução, em novembro de 2019, a OAB contabiliza 1.172.440 advogados no Brasil.

E uma das principais desculpas de muitos e muitos advogados no mercado é que a advocacia está saturada. E eu não tiro a razão deles. Até porque o Brasil é um dos países com maior número de advogados per capita do mundo.

Isso não é à toa. O número de faculdades de Direito por aqui supera a quantidade existente no mundo. Sim, o Brasil tem mais faculdades de Direito do que no mundo inteiro. Não há como não pensar que esse sistema entrará em colapso.

E eu não vejo outra solução para o advogado ter destaque em sua carreira a não ser empreendendo.

Se o advogado quiser ter sucesso hoje, ele precisa empreender. Precisa ter atitude e mudar a sua mentalidade que, para ter êxito na sua advocacia, só depende dele.

Eu acredito que outros fatores, como a concorrência, o mercado, a economia, a política, podem até interferir no sucesso ou não do advogado, mas o controle está todo nas mãos do empreendedor.

E como empreender na advocacia?

Acredito que um conceito que as *startups* usam é completamente válido para o advogado: comece com uma estrutura enxuta e faça um MVP (Mínimo Produto Viável).

O maior erro do advogado, que acaba de pegar a carteira da Ordem, é abrir um escritório de advocacia e se comprometer com aluguel, comprar móveis e muito mais.

Neste início, comece trabalhando de casa mesmo, junte com algum colega ou vá até um *coworking*, que conta com espaços de trabalho compartilhados e que em quase todas as cidades têm um.

E como oferecer um Mínimo Produto Viável? Pode até parecer estranho falar em produto, ainda mais com a crença que existe na advocacia de não mercantilizar as coisas.

Mas é porque acredito que, sim, o advogado vende o seu produto, os seus serviços e o seu conhecimento. Quem sacar isso estará à frente de todo o mercado, sem dúvida.

E eu recomendo fortemente que o advogado seja especialista em uma área de atuação.

Especialista em Direito do Trabalho, Direito Empresarial, Direito de Família, Direito Eleitoral...

Ou seja, quanto mais especialista um advogado for, mais chances ele tem de se tornar uma referência em determinada área.

Tudo bem que no início de carreira as coisas são mais difíceis, os clientes são mais escassos, mas mesmo assim é bom se posicionar em uma área de atuação.

Isso não quer dizer que você tem que recusar trabalhos de outras áreas, mas o seu posicionamento precisa ser claro sempre.

E como é a parte do advogado empreendedor em que ele vai atrás de clientes?

Para muitos, esse é um desafio e tanto mesmo. E maioria só quer ficar na distribuição de cartões, o que é completamente insustentável hoje.

Como disse, o advogado precisa vender. Querendo ou não, o advogado é um vendedor também. Hoje, a principal estratégia para fazer o advogado ter novos clientes todos os dias é pelo Google Ads.

Ou seja, fazer anúncios no Google. É como se fossem as antigas páginas amarelas, lembra? Aquelas listas que tinham o contato e referências de todos os tipos de profissionais.

Essa publicidade não é proibida, pois é o cliente que vem até você neste caso, não o contrário, que, sim, é restringida pelo código de ética da Ordem.

Outra forma de o advogado se vender é compartilhando conteúdo de sua área de atuação nas redes sociais. Estude muito bem o seu cliente-ideal, detalhe seus comportamentos e direcione toda a sua comunicação diretamente a ele.

Além de aumentar a possibilidade de você trazer novos clientes todos os dias, irá potencializar a sua autoridade como especialista em seu nicho por um motivo: você domina o tema de que fala. Isso poderá fazer uma diferença enorme para o seu cliente quando ele estiver na dúvida se ele contrata você ou o seu concorrente.

Imagino que sejam estes um guia de como o advogado deve empreender na sua advocacia:

- Comece por baixo;
- Saiba qual será o seu foco;
- Saiba se vender.

Por mais que mudanças possam acontecer, o mercado saturar ou diminuir, algumas ferramentas sobre como fazer isso podem surgir ou desaparecer, mas a receita é basicamente essa. Não pule etapas desse processo. E, neste livro em que eu tenho o prazer de escrever a introdução, você verá muito sobre como deve ser o trabalho do advogado no futuro. Pensamento sistêmico estratégico, PNL na advocacia, que eu considero de extrema importância para qualquer profissional, advocacia sistêmica, justiça restaurativa e muito mais.

Conheço a doutora Carla Alessandra e sei que tudo que ela faz, faz com muita dedicação e carinho. O livro ficou incrível!

Que você possa ter uma excelente leitura e evoluir muito com os ensinamentos que aqui estão. Muito sucesso! O sucesso só depende de você!

Cristiano Pinto Ferreira - (OAB/SP 168129) professorcristiano.com.br

Advogado há 22 anos, empreendedor e professor de Direito em diversas Universidades no Vale do Paraíba. Atua como mentor de Jovens Advogados que buscam acelerar o sucesso em suas carreiras no Direito.

Capítulo 1

O fim do direito tradicional: novas posturas para os profissionais do direito

Douglas De Matteu, PhD & Ivelise Fonseca De Matteu

Você está preparado para atuar como profissional do Direito? Como lidar com um mundo em constante mudança? Como a tecnologia impacta o profissional do Direito? Quais são as novas tendências? Qual será o papel do advogado? Como se destacar em um mercado tão concorrido?

O futuro humanizado do direito

Douglas De Matteu, PhD

Doutor em *Business Administration* e mestre na Arte do *Coaching* pela Florida Christian University – EUA. Mestre em Semiótica, Tecnologias da Informação e Educação, especialista em *Marketing*, Educação a Distância e em Gestão de Pessoas com *Coaching*, bacharel em Administração. *Master Coach* com reconhecimento internacional. *Trainer* em PNL. Docente na Fatec de Mogi das Cruzes. CEO do Instituto de Alta Performance Humana – IAPerforma. É professor da FCU/EUA, com experiência nos EUA, Brasil e Japão.

Ivelise Fonseca De Matteu

Master Coach, advogada, doutora em Direito do Estado, mestre em Direito pela Pontifícia Universidade Católica de São Paulo e graduada em Direito pela FMU. Professora da Graduação em Direito da FMU-Faculdades Metropolitanas Unidas e do UNASP. Professora da Pós-Graduação em Direito (2014) da FMU, atua como membro da Comissão de Liberdade Religiosa da OAB-SP.

Contatos

Douglas
www.iaperforma.com.br
douglas@iaperforma.com.br

Ivelise
www.ivelisefonseca.com.br
ivelise.fonseca@uol.com.br

As três grandes leis para quem deseja estar preparado para o futuro do Direito são: dominar as novas tecnologias, saber utilizar as leis que governam o comportamento humano e viver *lifelong learning*.

Douglas De Matteu

Em 2010, um estudante dedicado de Direito poderia conseguir com certa facilidade um estágio em escritórios, e teria como um dos papéis como estagiário retirar os processos fisicamente e de forma pessoal do fórum, protocolar petições, entre outros.

Atualmente, os processos judiciais são digitais, os estágios perderam espaços, tornou-se ordem legal a utilização de assinaturas digitais nos processos, novas tecnologias vêm impactando a forma de operacionalizar o Direito, como por exemplo a *startup* Looplex, que promete oferecer modelos inteligentes e customizáveis de documentos jurídicos, o que pode reduzir consideradamente a criação de peças jurídicas, uma contestação de caso bancário normalmente demoraria três horas para ser feita por um profissional jurídico, com os recursos da Looplex demoraria 20 minutos, ou seja, ficaria pronto em pouco mais de um décimo do tempo, uma debênture pode demorar 20 horas, mas com a solução, apenas 30 minutos[1], isso significa que em 20 horas o sistema faria 40 serviços semelhantes. Você pode imaginar essa produtividade?

Esse é apenas um exemplo das inúmeras *lawtech* ou *legaltech*, *law* (advocacia) e *technology* (tecnologia), que gerou o termo *lawtech*, maneira de nominalizar as empresas que oferecem soluções tecnológicas para assegurar a otimização de processos advocatícios.

Com o uso da Inteligência Artificial – IA, já é possível mapear padrões comportamentais de sentenças de determinadas varas para construção de petições alinhadas com os padrões estatísticos das decisões.

---

1 Disponível em: <https://www.startse.com/noticia/startups/39159/7-startups-do-mundo-juridico-que-estao-mudando-o-direito-no-brasil>.

O futuro humanizado do direito

Imagine o quanto sistemas similares podem gerar de vantagens competitivas para os grandes escritórios.

> Com o sistema de IA da IBM Watson já é possível obter aconselhamento legal (até agora para as coisas mais ou menos básicas) em poucos segundos, com uma precisão de 90% em comparação com uma precisão de 80% quando feito por seres humanos. (PORTO, 2019, p.157)[2]

Esses são apenas alguns exemplos de como a tecnologia já está moldando como será o futuro do Direito. Na era do Dataísmo, questões filosóficas e pragmáticas sobre o culto à informação e os impactos do *Big Data* na sociedade, temas como transumanismo, que propõe melhorar o ser humano a partir do uso das tecnologias (biotecnologia, nanotecnologia e neurotecnologia), para aumentar a capacidade cognitiva e superar limitações físicas e psicológicas, podem fazer emergir uma série de questões jurídicas. Como, por exemplo: e a questão da vida digna? A proteção à privacidade? O respeito à identidade e ao direito de imagem? Você está preparado?

O primeiro princípio, ou lei fundamental, para o novo profissional do Direito é a imperiosa necessidade de se manter atualizado no que tange às novas tecnologias, ir além dos processos digitais. Estar conectado com as tendências tecnológicas e apto a fazer uso delas. O termo "tecnologia" vai além das digitais – ao aprofundarmos o conceito, refere-se a um conjunto de conhecimentos que possibilitam alterar o mundo de forma prática, ou seja, vão além das questões eletrônicas e digitais – e se refere a todos os tipos de conhecimento disponíveis.

Novas tecnologias para resolução de litígios, como mediação e arbitragem (Lei nº 9.307, de 23/09/1996), a Resolução nº 125, do CNJ, que já trabalha com um Sistema de Mediação Digital[3]. A Justiça Restaurativa e o Direito Sistêmico.

O que remete ao segundo princípio, compreender as "leis" que governam o comportamento humano. Para tanto, o convite é primeiramente assumir uma postura mais flexível e sistêmica no contexto do Direito, conforme apresentado no quadro a seguir.

---

2 PORTO, F. R. O impacto da utilização da inteligência artificial no executivo fiscal. Estudo de caso do Tribunal de Justiça do Rio de Janeiro. Direito em Movimento, Rio de Janeiro, v. 17 - n. 1, p. 142-199, 1º sem. 2019. Disponível em: <http://www.emerj.tjrj.jus.br/revistadireitoemovimento_online/edicoes/volume17_numero1/volume17_numero1_142.pdf>.

3 Conselho Nacional de Justiça – Disponível em: <https://www.cnj.jus.br/mediacaodigital/>.

Pensamento mecanicista x Sistêmico complexo no direito (autoria própria)

Pensamento mecanicista / linear	Pensamento sistêmico / complexo
Pensamento linear / simplicidade.	Pensamento sistêmico e complexo.
Estabilidade / estático.	Instabilidade / dinâmico.
Objetividade.	Intersubjetividade.
Realidade única.	Realidade depende do observador.
Objetos.	Relacionamentos.
Mindset fixo.	*Mindset* crescimento.[4]
Partes.	Todo.
Divisão do todo em partes.	O todo faz parte da parte e parte faz parte do todo.
Conhecimento objetivo.	Conhecimento contextual.
Única causa do conflito - causa e efeito.	Múltiplas causas e múltiplos efeitos.
Fato é fato.	O fato está vinculado ao tempo, espaço e condições.
Direito baseado nas leis / legalista.	Direito humanizado.
Perguntas e respostas simples.	Perguntas e respostas complexas.
Dicotomia culpado x inocente.	Solução equitativa.
Judicialização.	Extrajudicial.
Ganhos no litígio.	Ganhos na solução.
Vencer ou perder.	Solução efetiva.
As leis são a base para a atuação.	As pessoas são a base para a atuação.

Fonte: autores.

---

4 DWECK, Carol. *Mindset: a nova psicologia do sucesso.* OBJETIVA, 2017.

O futuro humanizado do direito

O quadro apresenta novos paradigmas para o profissional do Direito e apresenta um convite a repensar a postura tradicional para um modelo mais alinhado ao momento contemporâneo, a quarta revolução industrial, indústria 4.0. (SCHWAB, 2016). O pressuposto básico para atuar na área do Direito é conhecer profundamente a ornamentação jurídica, a legislação, as jurisprudências, os aspectos processuais, no entanto, no contexto contemporâneo, faz-se necessário ir além, conhecer como o ser humano funciona. Nesse sentido, o pensamento sistêmico completo pode ser um ponto de partida, no entanto, outras áreas de conhecimento estão se aproximando significativamente do Direito, como, por exemplo, o *Coaching*.

Coaching

O *Coaching* é um processo com começo, meio e fim, que tem como meta levar o cliente a obter o "estado desejado", isto é, seu objetivo, seja desenvolver uma competência, conquistar um objetivo material, uma carreira, qualquer outro tipo de objetivo desejado (DE MATTEU, 2018).

O processo de *Coaching* proporciona o aumento da percepção do cliente sobre ele mesmo, sobre seu estado atual e sua meta, auxiliando-o a pensar nas opções de decisão e desenvolvendo autorresponsabilidade frente aos resultados (DE MATTEU, 2016).

O *Coaching* é a ciência transdisciplinar, sistêmica, que alinha inúmeras ciências, rumo a mudanças mais profundas no indivíduo, considerando níveis cognitivos, emocionais, além de questões inconscientes em nível de crenças, identidade, propósito e valores (DE MATTEU, 2018).

Quando um profissional da área de Direito passa pela formação em *Coaching*, compreende os principais pilares que norteiam o comportamento humano, aprendendo sobre perfis comportamentais (estruturas que moldam o seu comportamento e de outras variáveis, como crenças que podem potencializar ou limitar os resultados, valores, leis inconscientes que motivam você), acessa tecnologias e/ou conhecimentos que permitem compreender com profundidade o comportamento humano. E quando aplicados ao contexto jurídico, podem possibilitar uma nova postura e novos resultados, principalmente no que tange à arte de fazer perguntas e compreender as motivações de cada tipo de comportamento.

O *coach* geralmente faz uso de ferramentas de análise de Perfil Comportamental, como DISC, SysPersona, MBTI, que permitem identificar padrões comportamentais que podem ajudar o cliente a conquistar os objetivos, compreender estilos de comunicação, liderança e negociação, o que facilita o relacionamento interpessoal. Gerenciamento de emoções, gestão do tempo, propósito de vida são temas abarcados pelo processo de *Coaching*, que objetiva ajudar o cliente a encontrar respostas dentro de si mesmo para enfrentar as adversidades da vida e promover ações efetivas para gerenciar a mente, as emoções e a vida pessoal e profissional.

Os profissionais que atuam na área jurídica que vêm fazer a formação em *Coaching* desenvolvem posturas mais flexíveis, resilientes, humanistas e também pragmáticas, ou seja, focalizadas no resultado.

Nossa formação em *Coaching* tem metodologia própria, mescla com maestria Programação Neurolinguística, Pensamento Sistêmico Complexo, Neurociência, Psicologia Positiva e Administração, entre outras ciências, e se configura como um valoroso divisor de águas para quem participa.

Atualmente, existem diversas comissões de *Coaching* Jurídico em cada OAB pelo Brasil, o que ratifica que essa tecnologia vem sendo aplicada de maneira exitosa no contexto jurídico.

Programação Neurolinguística - PNL

A Programação Neurolinguística contribui para a ampliação da percepção das pessoas e, consequentemente, o aumento das opções de escolha, mais do que isso, fornece caminhos para a excelência humana de maneira pragmática e efetiva. Demonstra de modo prático como a linguagem pode afetar nossos comportamentos, evidencia programações inconscientes e permite compreender a neurologia da mente, ou seja, seu funcionamento, metaforicamente, possibilita compreender a "Constituição Federal" em níveis comportamentais e auxilia para que você possa, inclusive, fazer ajustes ou emendas constitucionais do seu "eu", sua mente é capital do seu corpo e mola propulsora de grandes mudanças. Mais informações no capítulo 3.

Constelações Sistêmicas

Conhecimentos sobre Constelações Sistêmicas e constelações familiares, que têm base nos princípios de pertencimento, ordem e equilíbrio de Bert Hellinger, geram maior flexibilidade da mente e contribuem significativamente com olhar sistêmico complexo frente aos litígios de suas causas sistêmicas e soluções efetivas. Mais informações no capítulo 5.

Direito Sistêmico

Direito Sistêmico é um termo cunhado pelo magistrado Sami Storch[5], com base principalmente nos importantes estudos do alemão Bert Hellinger, pai das Constelações Sistêmicas, que são marco para um novo *mindset* dos operadores do Direito do Brasil. Mais informações no capítulo 6.

Hard e *soft skills*

As *hard skills* são as habilidades técnicas, tangíveis, como matemática, digitação, escrita e programação de computadores, e conhecimentos técnicos em nível de legislação. Essas habilidades podem ser ensinadas para máquinas, por meio da inteligência artificial, porém o que pode verdadeiramente fazer diferença são as *soft skills*, que convergem às habilidades emocionais, interpessoais, sociais e de comunicação, tomada de decisão, liderança, comunicação, flexibilidade, resiliência, motivação, gestão do tempo e empatia, entre outras, bem como o caráter, isto é, comportamento ético. Essas habilidades não são desenvolvidas somente com leitura sobre a temática, é necessária uma abordagem mais pragmática, como *Coaching*, entre outras (DE MATTEU, 2019).

Desenvolver habilidades comportamentais, como empatia, a capacidade de ouvir com os olhos, escutar as palavras inaudíveis e sentir as emoções, motiva, e as reais intenções das partes podem mitigar a judicialização e possibilitar alternativas extrajudiciais.

Estratégias humanizadas de negociação focadas verdadeiramente numa solução equitativa para as partes envolvidas precisam vir primeiro com desenvolvimento de uma nova mentalidade entre os advogados das partes.

Quanto mais compreender a natureza humana, seus pensamentos, sentimentos, motivações, aspectos biopsicossociais, os sistemas familiares e sociais de que participa, melhor será a *performance* consultiva e resolutiva do profissional de Direito.

Lifelong learning

O terceiro princípio compreende em viver o *lifelong learning*, que significa "aprendizado continuado". Adotar uma postura de eterno aprendiz indica a opção por continuar a investir recursos no aprendizado em quatro dimensões:

---

5 Sami Storch - Direito sistêmico é uma luz no campo dos meios adequados de solução de conflitos, 2018. Disponível em: <https://www.conjur.com.br/2018-jun-20/sami-storch-direito-sistemico-euma-luz-solucao-conflitos>

a. Atualizações legislativas e práticas jurídicas;
b. Atualizações tecnológicas focalizando as inovações digitais e atentas às *lawtechs*;
c. Aprendizado contínuo sobre os pilares que movem o comportamento humano, como *Coaching*, PNL, Constelações, Pensamento Sistêmico, Panorama Social, Perfil Comportamental, Neurossemântica (HALL, 2012), entre outras;
d. Atualização quanto aos novos cenários, em especial, os contextos digital e internacional, que podem gerar diferenciais competitivos.

Logo, essa educação continuada é caracterizada por ser mais flexível, adaptativa para os fins que são desejados pela pessoa, abrangente e objetiva. O novo profissional de Direito pode assumir uma postura proativa na escolha do que deseja estudar, o que normalmente gera maior engajamento e resultados. Esses novos aprendizados são capazes de abrir outros horizontes, trazer novos pontos de vista, enriquecendo seu repertório de conhecimentos e experiências, e amplia sua capacidade criativa.

A educação continuada traz benefícios ao profissional de Direito, ao possibilitar conhecimento diversificado sobre vários tópicos, gerando maturidade e clareza de ideias. O profissional que busca se aperfeiçoar dessa maneira torna-se mais sábio e experiente, destacando-se da multidão de advogados. Além disso, quem está constantemente aprendendo desenvolve um raciocínio mais simples e rápido, o que favorece o processo ensino-aprendizagem e também pode aprimorar a capacidade de autoaprendizado, tornando-se mais autodidata frente aos temas interessantes a esse profissional, que permanece qualificado para suas funções, podendo tomar as melhores decisões para si e para a empresa. Lembre-se: o conceito de educação ao longo da vida é a chave que abre as portas do século XXI.

As estratégias práticas para viver esse estilo de vida são:

- **Buscar boas fontes de estudo:** a educação hoje em dia está amplamente democratizada, há cursos sobre vários temas na *internet*, muitos gratuitos. Procure saber, por meio de pesquisas, se são cursos confiáveis e de pessoas com experiência no assunto.

O futuro humanizado do direito

- **Foque em seu objetivo profissional:** como há uma oferta bastante ampla de cursos e meios de aprendizagem, há o risco de se enveredar por temas interessantes, porém periféricos. Então, é importante definir metas, tais como as respostas para as seguintes questões: qual o motivo principal de aprender sobre esse assunto? De quanto tempo disponho?

- **Pratique o que aprender:** para um aprendizado completo, é imprescindível praticar aquilo que aprende. A prática consolida o conhecimento e o incorpora à rotina, evitando que esse conhecimento seja esquecido. Uma maneira de praticar o que aprendeu é passar adiante esse conhecimento recém-adquirido. Ensinar outras pessoas dá o poder de gravar na memória o assunto, além de observá-lo de outra perspectiva.

O fim do advogado?

Perceba como a linguagem pode gerar emoções, provavelmente o leitor correu os olhos para ler este polêmico tópico, aqui uso Programação Neurolinguística e *Coaching* para capturar sua atenção, ainda que as tecnologias possam por um lado diminuir algumas funções repetitivas e até os postos de trabalho, a consultoria McKinsey estima que 23% do trabalho jurídico pode ser automatizado[6].

Por outro lado, inúmeras possibilidades de atuação, advindas da própria tecnologia, como a Lei Geral de Proteção de Dados Pessoais (LGPD ou LGPDP), Lei nº 13.709/2018, que vai gerar novas probabilidades para quem estiver atualizado, seja em nível de consultoria, atuação preventiva, como privacidade e Direito, ou proteção de dados, são apenas a ponta do *iceberg*. Questões emergentes, como Biodireito, Direito Digital, contencioso eleitoral e tributário, por exemplo, como tributar as moedas digitais? Como pensar as questões legais empresariais em nível internacional. Como ficam questões legais relacionadas às novidades de mobilidade urbana, *drones*, entre outras tecnologias emergentes? Como preservar os direitos autorais de produtos com impressoras 3D? Evidentemente que não haverá o fim do advogado, que tem seu papel respaldado pela Constituição Federal, Art. 133. O advogado é indispensável à administração da Justiça, sendo inviolável por

---

6 MELO, João Ozorio - *Inteligência artificial bate 20 advogados em testes de revisão de contratos*. Disponível em <https://www.conjur.com.br/2018-nov-21/inteligencia-artificial-bate-20-advogados-revisao-contratos>.

seus atos e manifestações no exercício da profissão, nos limites da lei. No entanto, a forma de trabalho já está mudando.

Novos tempos, novas posturas profissionais

Diante do exposto, consideramos algumas recomendações para a postura do advogado (autoria própria).

Postura tradicional	Nova postura
Formação Básica – Bacharel.	Diversas especializações.
Formação Bacharel em Direito – estática.	Educação contínua – dinâmica.
Focada no litígio.	Foco na solução.
Pensamento cartesiano, legalista.	Pensamento sistêmico e flexível.
Hard skills.	*Soft skills.*
Técnica, analítica e combativa.	Persuasão, pensamento crítico, comunicação, relacionamento interpessoal e criatividade.
Postura analógica.	Postura digital.
Centrada na legislação.	Centrada nas pessoas e na solução.
Ser advogado.	Ser advogado, *coach*, empreendedor.

Diante do quadro, reflita, qual sua postura profissional? Diante de tudo que leu, que decisão pode tomar? Como aplicar as três leis recomendadas?

O *Coaching* Jurídico e o Direito Sistêmico já são realidades aplicáveis atualmente no Brasil. Você está preparado?

Nem se perca em refletir tão somente, no momento atual e desafiador em que o Direito tem se apresentado. Mas lembre-se de que as "dificuldades não aparecem para obstruir, mas instruir. Em cada contratempo ou obstáculo existe a semente de um benefício ou uma oportunidade igual ou melhor." (TRACY, 2009, p.104). Conforme o autor, cada problema gera uma oportunidade, cada adversidade uma nova possibilidade de aprendizagem.

Referências

COSENZA, Ramon Moreira; GUERRA, Leonor Bezerra. *Neurociência e educação: como o cérebro aprende*. Porto Alegre: Artmed, 2011.

COVEY, Stephen. *Os 7 hábitos das pessoas altamente eficazes*. Rio de Janeiro: Best-Seller, 2011.

DE MATTEU, Douglas. *Coaching na educação: técnicas, ferramentas e a metodologia de coaching para alta performance na educação*. Florida Christian University, 2014.

DE MATTEU, Douglas. *Acelere o seu sucesso pessoal e profissional*. São Paulo: Literare Books, 2016.

DE MATTEU, Douglas; OGATA, Massaru; SITA, Mauricio. *Treinamentos comportamentais*. São Paulo: Ser Mais, 2013.

DE MATTEU, Douglas; FONSECA, Raquel. *Segredos da alta performance*. São Paulo: Literare Books, 2018.

DE MATTEU, Douglas. *Soft skills, liderança e equipes de alta performance*. In: LISBOA, Teresinha Covas; DE MATTEU, Douglas (Orgs.). *Manual completo de gestão para formação de tecnólogos: conceitos e práticas*. São Paulo: Atlas, 2019.

DWECK, C. *Mindset: a nova psicologia do sucesso*. Trad. De S. Duarte. Rio de Janeiro: Objetiva, 2017.

GOLEMAN, D. *Foco: a atenção e seu papel fundamental para o sucesso*. Trad. de Cássia Zanon. 1 ed. Rio de Janeiro: Objetiva, 2014.

GOLEMAN, D. *O cérebro e a inteligência emocional: novas perspectivas*. Rio de Janeiro: Objetiva, 2012.

GRANT, A. *Dar e receber: uma abordagem revolucionária sobre sucesso, generosidade e influência*. Trad. de Afonso Celso da Cunha Serra. Rio de Janeiro: Sextante, 2014.

HALL, L. Michael. *Liberte-se! Estratégias para autorrealização*. Rio de Janeiro: Qualitymark, 2012.

HELLINGER, B. *Ordens do amor: um guia para o trabalho com constelações familiares*. Trad. de Newton Araújo Queiroz. São Paulo: Cultrix, 2007.

MELO, João Ozorio. *Inteligência artificial bate 20 advogados em testes de revisão de contratos*. Disponível em: <https://www.conjur.com.br/2018-nov-21/inteligencia-artificial-bate-20-advogados-revisao-contratos>. Acesso em: 25 de jun. de 2020.

O'CONNOR, Joseph. *Introdução à Programação Neurolinguística: como entender e influenciar as pessoas*. São Paulo: Summus, 1995.

O'CONNOR, Joseph. *Manual de programação neurolinguística - PNL: um guia prático para alcançar os resultados que você quer*. Trad. de Carlos Henrique Trieschmann. Rio de Janeiro: Qualitymark, 2011.

PORTO, F. R. *O impacto da utilização da inteligência artificial no executivo fiscal*. Estudo de caso do Tribunal de Justiça do Rio de Janeiro. Direito em Movimento, Rio de Janeiro, v. 17 - n.1, p.142-199, 1º sem. 2019. Disponível em: <http://www.emerj.tjrj.jus.br/revistadireitoemmovimento_online/edicoes/volume17_numero1/volume17_numero1_142.pdf>. Acesso em: 25 de jun. de 2020.

ROBBINS, Anthony. *Desperte o seu gigante interior*. 22 ed. Rio de Janeiro: BestSeller, 2012.

ROBBINS, Anthony. *Poder sem limites: o caminho do sucesso pessoal pela Programação Neurolinguística*. 14 ed. Rio de Janeiro: BestSeller, 2012.

SCHWAB, Klaus. *A quarta revolução industrial*. São Paulo: Edipro, 2019.

TRACY, B. *As leis universais do sucesso*. Rio de Janeiro: Sextante, 2009.

Capítulo 2

O advogado empreendedor: novas competências

Claudia Helena Silva

Neste capítulo, apresento aos advogados temas como empreendedorismo, *mindset*, transdiciplinaridade no estudo do direito e *marketing* digital. Aqui, descobrirão como inovar em sua forma de atuação ao atrelar esses aos seus conhecimentos em direito e ainda acrescentar ferramentas como a constelação familiar, dando foco à solucão das demandas e de que modo essa forma de atuação pode ser um diferencial frente à concorrência.

Claudia Helena Silva

Mestre em Políticas Públicas pela UMC – Universidade de Mogi das Cruzes, especialista em Empreendedorismo e Gestão de Serviços, especialista em Psicologia Organizacional e Gestão de Pessoas. Empretec - Sebrae e Canvas - ESPM. Atuação como *Life* e *Business Coach* pelo Instituto IAPerforma, *Practtioner* e *Master* em PNL pela Sociedade Brasileira de Programação Neurolinguística e analista comportamental APSE. Docente na Universidade de Mogi das Cruzes nos cursos de Administração e Processos Gerenciais. Atua como professora, palestrante e consultora no desenvolvimento de plano de negócios, criação de empresas e comportamento empreendedor para pessoas físicas e jurídicas.

Contatos
claudiah.lifec@gmail.com
(11) 98380-4605

I - Novos tempos, novas perspectivas

Ao longo dos anos, não apenas localmente, como também globalmente, o homem identificou períodos de extremas mudanças. Essa constatação pode ser observada pelo progresso técnico alcançado pelo homem nos últimos 25 anos, ou "Terceira Onda[1]", como foi chamada, processo complexo e decisivo para toda a humanidade, assim como aconteceu com a Primeira e Segunda Ondas – Revoluções Agrícola e Industrial, respectivamente. Acredito, porém, que essas transformações progressivas tentaram nos preparar para o que ocorre hoje no mundo, a chamada Revolução 4.0, segundo o auto do livro *A quarta revolução industrial*, de Klaus Schwab (2016), essa revolução vem pautada por um tripé: a velocidade das novas mudanças, o alcance e a profundidade com que a tecnologia está presente em nossas vidas e negócios.

O impulsionamento será dado pelas tecnologias disruptivas, como a *big data*, nanotecnologia, impressão 3D, robótica, inteligência artificial, realidade aumentada, biologia sintética e a *internet* das coisas, que preconiza que cada vez mais dispositivos, equipamentos e objetos estarão conectados uns aos outros por meio da *internet*.

Estamos hoje na era do consumidor virtual e da presença global disponibilizada pela *internet*, isso significa que se antes a máxima era "pensar globalmente e agir localmente", hoje podemos afirmar que devemos nos inclinar a "pensar e agir globalmente", pois não existem fronteiras para a comunicação.

Anteriormente, ao iniciar um novo negócio, o empreendedor era necessariamente um técnico, e precisava, principalmente nessa fase inicial, fazer muito bem o seu trabalho, e por essa desenvoltura, ser procurado pelo jeito que só ele tinha para resolver os problemas e fornecer resultados, até porque a existência e o acesso a profissionais qualificados eram marcados por uma demanda maior do que a oferta.

A questão agora é que a oferta, de forma geral, é maior que

---

1 TOFFLER, A. A terceira onda. Rio de Janeiro: Record, 1980.

O futuro humanizado do direito

a demanda, a concorrência é global, o consumidor tem acesso às informações por meio dos dispositivos e da *internet*, e pode acessar de qualquer lugar e a qualquer hora uma lista de fornecedores dos produtos e serviços que quer adquirir, e ainda que para certas profissões o *marketing* "boca a boca" ainda seja eficaz, essa estratégia terá sua força cada vez mais reduzida.

II - Empreendedorismo

O empreendedor é considerado um agente de mudanças, muitas são as definições e muito se tem escrito a esse respeito. O empreendedorismo é um comportamento inerente a cada pessoa, no final, em tese, somos todos empreendedores, o que varia são as características, comportamentos e habilidades empreendedoras de cada um.

Muitos são os conceitos atrelados ao empreendedor, vamos aqui citar alguns:

Período	Autor	Conceito
1934	Joseph Schumpeter	O empreendedor é um inovador e desenvolve tecnologia que ainda não foi testada.
1961	David McClelland	O empreendedor é alguém dinâmico que corre riscos moderados.
1964	Peter Drucker	O empreendedor não é ciência nem arte. É uma prática.
1985	Robert Hisrich	O empreendedorismo é o processo de criar algo diferente e com valor, dedicando tempo e esforços necessários, assumindo riscos financeiros, psicológicos e sociais correspondentes e recebendo as consequentes recompensas da satisfação econômica e pessoal.
2001	José Carlos Assis Dornelas	O empreendedor é aquele que faz as coisas acontecerem, se antecipa aos fatos e tem uma visão futura da organização.

Claudia Helena Silva

2010	Babson College	Empreender é uma forma de pensar e agir guiada por visão holística e liderança, focada em agregar valor.
2017	Jerônimo Mendes	Empreendedor é o indivíduo criativo, capaz de transformar simples obstáculos em oportunidades de negócio, por livre e espontânea vontade.

Fonte: MENDES, Jerônimo. Empreendedorismo 360°: a prática na prática: Atlas, 2017. Adaptada.

Os empreendedores são pessoas que deixam seus rastros no mundo por meio das obras por eles criadas, quando um empreendedor atua, ele movimenta o entorno, tanto social como economicamente.

> Empreendedorismo é: prática; visão de mercado; evolução, e diz ainda que o trabalho específico do empreendedorismo numa empresa de negócios é fazer os negócios de hoje serem capazes de fazer o futuro, transformando-se em um negócio diferente [...] Empreendedorismo não é nem ciência nem arte. É uma prática.
>
> (DRUCKER, 1974, p.25)

Os empreendedores têm características pessoais que os fazem únicos e possibilitam o seu sucesso, eles têm comportamentos, habilidades e atitudes diferentes de outras pessoas. Segundo o estudo realizado pelo psicólogo David McClelland[2], "os fatores psicológicos são cruciais para o desenvolvimento do espírito empreendedor". Para ele, tudo é uma questão de atitude, é colocar em si mesmo questões pertinentes, como criar mudanças positivas na sua vida, identificar seus pontos fortes e fracos e aprender com os erros.

As principais competências básicas do empreendedor para McClelland são a iniciativa, persistência, especialização, reconhecimento dos próprios limites e capacidade de persuasão. Contudo, outras qualidades ainda são destacadas pela literatura, como autoconfiança, assertividade, comprometimento, preocupação com a qualidade, busca de informação

---

2 LEITE, E. O fenômeno do empreendedorismo: Saraiva, 2012.

O futuro humanizado do direito

e planejamento sistemático, além da sintonia constante com o que acontece à sua volta, bem como o reconhecimento da importância de relacionamento de negócio. Muitos empreendedores possuem essas competências e características inatas, contudo, outros precisam e devem aprendê-las. As principais ferramentas para prática do empreendedorismo são a criatividade, a vontade de vencer, a ousadia e o otimismo. A verdadeira motivação do empreendedor é o "sonho, o desejo de conquistar, a alegria de criar, fazer coisas, o impulso para lutar, para se provar superior aos outros, ter sucesso em nome não dos seus frutos, mas do próprio sucesso[3]."

A vida empreendedora é recheada de desafios constantes, o empreendedor vive diante dos riscos que a vida propõe e não se deixa abater diante das dificuldades.

Esse espírito empreendedor será cada dia mais necessário. Praticamente todo mundo domina tecnologias básicas como computador, *smartphones*, caixas eletrônicos e pesquisa na *internet*, contudo, o que constitui mesmo um diferencial no mercado e na vida é o nível de autonomia das pessoas, não estou falando aqui da capacidade de se adaptar às mudanças, mas sim da capacidade de iniciar as mudanças e ser empreendedor.

E você, como advogado, está preparado para iniciar as mudanças que são necessárias? Vamos apresentar agora os novos ingredientes do empreendedor na era digital.

De acordo com De Matteu (2018, p.123 e 124), existem oito ingredientes (competências comportamentais) para os empreendedores que devem ser aliados das tendências da quarta revolução industrial, vou trazer aqui quatro delas. Estas são as que considero mais relevantes para o empreendedor do Direito.

1. **Propósito:** qual a sua missão de vida? Essa missão é o seu porquê? O que move você, o que alimenta emocional, racional e espiritualmente? E por que o porquê importa? Importa porque é ele o motivo que faz você levantar todos os dias e fazer o que precisa ser feito. A diferença é que quando estamos conscientes desse porquê fazemos as coisas com mais felicidade, bem-estar, sabemos o que e por que estamos fazendo isso ou aquilo e não somente seguindo com a vida. Quando isso está claro, estamos no comando e não mais sendo co-

---

3 SCHUMPETER, J. 1984, p.85-202.

Claudia Helena Silva

mandados, somos o capitão da nossa embarcação e a dirigimos para onde realmente queremos. Deixamos de ficar à mercê dos mares e do querer alheio. A vida nos sorri e nós sorrimos de volta. No ramo do Direito, o que você mais gosta de fazer? Em qual área de atuação você se sente mais confortável?

2. **Aprendizado contínuo:** o conhecimento, além de não ocupar espaço, descortina caminhos para que possamos conectar saberes, criar produtos e serviços e atender os nossos clientes com soluções mais ágeis e assertivas. Aprender, reaprender, olhar com novos olhos é um diferencial do profissional de qualquer área, inclusive do Direito.

3. **Inteligência emocional:** gerenciar as próprias emoções é desafiador, conseguir administrar as frustrações, inseguranças e, principalmente, o medo. Medo de agir, medo da crítica, medo dos resultados, medo de não ser bom o suficiente, medo de estar no caminho errado, medo de fazer escolhas, medo de expor o medo. Tudo isso é desgastante, principalmente diante do mundo de incertezas que nos cerca. O medo pode nos paralisar, impedir que façamos ações que nos valorizem. A procrastinação costuma ser uma das ações que mais nos protegem do medo. Para não ficarmos expostos, escolhemos não fazer nada ou, pelo menos, não fazer tudo que temos realmente potencial para fazer. Trabalhar o autoconhecimento e vencer o medo é uma ação inteligente e fundamental para o empreendedor.

4. **Liderança e *network*:** o primeiro passo nessa competência é liderar a si mesmo, e isso está diretamente ligado às três outras competências que discorremos aqui. Conhecer a si, seus limites, o que gosta, o que move você, o que dá sustentabilidade para a sua vida, tudo isso vai ajudá-lo a vencer os medos, tomar melhores decisões e liderar a própria vida. A partir desse ponto, a questão é liderar – direcionar outras pessoas, incluindo seus funcionários e clientes. É a liderança que vai dar o tom dos seus resultados. E a *network*, a comunicação e a rede de contatos são fatores críticos de sucesso do empreendedor, quanto maior e melhor for a sua rede de contatos, melhores os resultados alcançados.

III - Empreendedorismo Jurídico

O empreendedor além das competências, habilidades e atitudes também precisa conhecer os processos de gestão para dirigir com eficiência e firmeza a sua empresa.

Para o advogado, essa é também uma realidade, ao sair dos bancos escolares se vê diante da perspectiva, da realização de um sonho, o de abrir seu escritório e colocar em prática os seus conhecimentos. Nasce a partir daí o empreendedor jurídico, que fará surgir negócios para o seu escritório, e deve se preocupar não apenas com o Direito e suas regras, mas com as ações de *marketing* que pode utilizar para prospectar seus clientes. Como planejar os passos futuros e garantir a sustentabilidade do seu empreendimento? Qual a melhor forma de gerir suas finanças?

Ser um advogado empreendedor é como ser um empresário, é necessário buscar adquirir conhecimento, desenvolver habilidades, sendo que, na maioria dos cursos de Direito, essa é uma competência que não faz parte do currículo.

Para que possa obter sucesso, então a primeira coisa que deve ocorrer com o advogado é uma mudança de *mindset*, ou seja, uma mudança na forma de pensar, como dissemos no início deste texto, estamos passando por mudanças grandiosas no mundo, e a flexibilidade para nos adaptarmos a elas é um elemento importante.

Mas o que é *mindset*? *Mindset* é o conjunto de modelos mentais, das crenças de um indivíduo ou de um grupo, é a visão de mundo. O *mindset* é o que determina como um indivíduo percebe o mundo. Nesse contexto, podemos dizer que, para alguns advogados, o sucesso é ter, como característica principal, uma longa carreira dentro de um escritório conceituado, enquanto que para outros advogados, o sucesso pode ser exatamente o contrário, ou seja, a abertura do seu próprio escritório.

Carol Dweck, professora e pesquisadora da Universidade de Stanford, em seu livro *Mindset, a nova psicologia do sucesso*, é a desenvolvedora dessa teoria, e segundo ela, existem dois tipos de *mindset*: o fixo e o de crescimento.

MINDSET FIXO	MINDSET DE CRESCIMENTO
Com relação à inteligência	
A inteligência é estática, ou seja, "é o que é". Porém, a pessoa deseja parecer inteligente.	Percebe a inteligência como habilidade a ser desenvolvida e treinada, e deseja aprender cada vez mais.
Com relação a contratempos de dificuldades	
Opta geralmente por não enfrentar desafios, entende obstáculos como forças externas que dificultam o caminho.	Obstáculos e contratempos não o desencorajam e a autoimagem não está ligada ao sucesso, sabe que tem valor.
Com relação aos desafios	
São difíceis e devem ser evitados para não manchar a autoimagem. Entende que deve fazer somente aquilo que faz bem.	Abraça os desafios, entendendo que o tornam cada vez mais forte.
Esforço	
Além de desagradável, pode não gerar retorno. O inteligente é evitar o esforço.	O esforço tem finalidade e é necessário para o crescimento.
Críticas	
Feedback é visto como insulto, qualquer crítica é vista como uma questão pessoal. O isolamento de influências externas para mudanças positivas é o caminho.	Críticas e *feedbacks* são fontes de informação, pois está aberto às mudanças. As críticas não são percebidas como algo pessoal, mas, sim, sobre a habilidade que tem no momento.
Performance	
Baixa *performance*, não alcançando o pleno potencial. Não se desenvolve, logo confirma a crença de que "é o que é".	Os *feedbacks* negativos são encarados como possibilidade de aprendizagem e os positivos como encorajamento para novas realizações.

O futuro humanizado do direito

Sucesso do outro	
O sucesso do outro é ponto de comparação. Desvaloriza o sucesso do outro e o atribui à sorte ou falta de ética.	O sucesso do outro é fonte de inspiração.

Agora que aprendeu essa teoria de formas de enxergar o mundo, avalie em qual delas você se encaixa.

O importante é saber que todos temos as duas formas em nossos comportamentos, e a partir desse conhecimento e avaliação, começar a escolher e desenvolver as habilidades que trarão os resultados que desejamos para nossa vida.

Os números são claros, o Brasil tem hoje 1.234.302 (um milhão duzentos e trinta e quatro mil e trezentos e dois)[4] advogados oficialmente registrados no Conselho Federal da OAB. Diariamente, aproximadamente 177 advogados entram no mercado. O Brasil é um dos países com mais advogados per capita do mundo, e novos advogados são formados em grande escala todos os anos.

Segundo uma reportagem divulgada pela revista Exame, em 11 de setembro de 2018, "nos últimos dez anos, foram abertos mais de 11 mil escritórios em São Paulo". No mesmo período, pouco mais de 30% fecharam as portas. Dentre as causas apontadas pelos advogados, estão: a falta de clientes, a competitividade com outros profissionais de Direito e a desvalorização da profissão, o que inclui a prática de honorários aviltantes dentro da própria classe[5].

O texto diz ainda que, algum tempo atrás, o mercado jurídico era um ambiente protegido, em que poucos profissionais atuavam e que tinham uma grande demanda de clientes. Isso contribuiu para que muitos profissionais ficassem na zona de conforto e não se atentassem à necessidade de aprendizado de outras competências, como gestão, *marketing*, atração de clientes, liderança e inovação.

Em segundo lugar, o empreendedor de Direito deve conhecer e utilizar o *marketing* digital como uma ferramenta que o ajudará a ter reconhecimento e engajamento junto ao público. Obviamente, aqui devem ser respeitadas e consideradas as diretrizes do Código de Ética da OAB.

---

4 https://www.oab.org.br/institucionalconselhofederal/quadroadvogados, acesso em 23/09/2019.

5 Revista Exame: https://exame.abril.com.br/negocios/dino/numero-de-escritorios-de--advocacia-fechados-aumenta-no-brasil/

Contudo, citaremos aqui algumas estratégias que podem e devem ser adotadas pelo empreendedor de Direito e que, se bem utilizadas, trarão a inovação e o engajamento tão necessários nesses novos tempos da indústria 4.0.

- **Site institucional:** o site institucional gera confiança, uma vez que agrega credibilidade perante a audiência, além disso é o principal local onde deverão ser publicados os conteúdos, e daí vem a segunda estratégia;

- **Marketing de conteúdo:** *marketing* de conteúdo é uma maneira de engajar seu público-alvo e fazer crescer sua rede de clientes e potenciais clientes, por meio da criação de conteúdo relevante e valioso. É uma prática que atrai, envolve e gera valor para as pessoas, de modo a criar uma percepção positiva da sua marca e, assim, gerar mais negócios. Profissionais tradicionais têm dificuldade em parar de falar de seus produtos e focar no desejo do público, naquilo que é realmente um conteúdo útil para ele. O bom conteúdo não é focado em vender, mas em trazer algum benefício para quem o lê, como resolver um problema, esclarecer uma dúvida ou ensinar algo, a venda é apenas uma consequência desse processo. Ao criar conteúdos, você deve procurar superar as expectativas dos seus seguidores e prover um conteúdo tão incrível que eles desejarão compartilhá-lo com outras pessoas. Como você ajudou seu público quando ele precisava, esse público passa a ter uma visão positiva sobre a sua marca. E as pessoas são mais propensas a fazer negócios com marcas que conhecem e gostam do que com marcas desconhecidas. O objetivo final do *marketing* é esse: sempre trazer resultados positivos para a empresa.

- **SEO (*Search Engine Optimization*):** Otimização de Mecanismo de Busca é uma das principais estratégias do *marketing* digital, ele é responsável por otimizar seu conteúdo por meio de palavras-chaves para que consumidores e clientes encontrem o seu conteúdo de acordo com as necessidades. Utilizar uma ferramenta para planejar palavras-chaves como Google ou Wordze.com pode facilitar e muito seu trabalho.

- **Vídeos ricos e interativos:** a visão é um dos nossos sentidos mais importantes, gravamos melhor o que vemos,

O futuro humanizado do direito

o vídeo tem o poder da imagem associada às informações e favorece o estabelecimento de uma conexão mais humanizada. Existem vários tipos de vídeos que podem ser produzidos, como: vídeos de dicas, vídeos explicativos, depoimentos, *vlogs*, *chalk talks* e webinários. O empreendedor de Direito pode utilizar uma, duas ou todas essas formas e chegar ao público sem faltar com a ética.

* **Redes sociais:** aqui a comunicação com sua audiência é direta, essas redes são um poderoso canal para aquisição de *leads* (clientes potenciais). São muitas as redes sociais que você pode utilizar, cada uma pede uma linguagem e uma forma diferente de abordagem. O LinkedIn é uma rede profissional e pede uma linguagem mais formal e conteúdo relevante. O Twitter é uma rede mais dinâmica que aceita textos pequenos e informais. O Instagram é a rede social que todo empreendedor deve usar. O Brasil é o terceiro maior país em número de usuários. O Facebook é uma rede social que fornece ferramentas completas, podendo postar fotos, textos e vídeos. O importante é ter esse canal como parte de sua estratégia de *marketing*.

* **E-mail *marketing*:** uma poderosa ferramenta de comunicação direta com o seu público, apesar da taxa de abertura ter diminuído, ainda gera excelentes resultados.

Por fim, existe ainda a necessidade de entender que o cliente é o negócio, a empresa, e incluímos aí o escritório de advocacia, existe para criar e preservar os seus clientes, eles são o principal e o acessório segue o principal. A ideia aqui é se conscientizar que você como advogado pode fornecer algo que um elemento externo e independente, com livre escolha de não comprar de você, deseje trocar o que você oferece por seu poder aquisitivo.

A disponibilidade de informações e a facilidade com que nos conectamos vão além de mudar nossa relação com as organizações, essa conectividade ajuda a mudar comportamentos, abrindo espaço também para a maior cooperação entre as próprias pessoas (economia compartilhada e colaborativa). O protagonismo de clientes tende a ser irreversível.

É um equívoco acreditar que o negócio é o dinheiro, sem clientes não há dinheiro, portanto, o negócio é literalmente o cliente. O que fazer, então, a partir dessas informações?

A construção de uma carreira de sucesso nessa área passa pela necessidade de mais aprendizado de gestão, conhecimento da área de atuação mais atualizado e estruturado, foco nos negócios, presença digital e uso das tecnologias, prestação de um serviço jurídico humanizado com foco na pessoa e na solução do seu problema, o que não necessariamente estará conectado com o litígio.

No capítulo anterior, foi apresentado aquilo que entendemos como o futuro do Direito, essas novas perspectivas trazem novas formas de advogar, novas oportunidades que exigem novas competências e uma mudança de visão do mundo.

IV – Advocacia além dos litígios

Como já vimos, o mundo está passando por rápidas e profundas mudanças que envolvem todos nós, no caso dos advogados isso também é uma verdade, e a velocidade com que entenderem as mudanças e tomarem ações poderá ser a causa de sucesso ou fracasso da sua empreitada.

Um aspecto a ser entendido é que o conhecimento jurídico, como todo conhecimento, está passando por uma democratização, com a digitalização das informações e os processos de comunicação, isso possibilita o nivelamento de conhecimento, o diferencial será a velocidade com que o profissional analisar, interpretar e propor soluções com argumentação legítima e muitas vezes soluções inéditas.

O litígio será cada vez mais visto como uma perda de tempo e de recurso, vivemos em uma sociedade acelerada, a resolução de conflitos por meio de formas alternativas de negociação será uma vertente crescente.

Essa é a proposta da plataforma *Sem Processo*, que se propõe a intermediar negociações entre advogados autores e patronos de empresas rés, por meio do auxílio na formulação de acordos. O número de advogados que têm utilizado essa ferramenta tem crescido, um dos objetivos é evitar os custos com processos.

Obviamente, existe a necessidade da adequação do advogado em consonância com as modificações pelas quais a sociedade vem passando. O Direito pretende ser auxiliador dos homens na sociedade, mediar suas relações e decidir os conflitos sociais, usando e/ou aplicando a legislação para esse fim, visando resguardar a dignidade da pessoa humana.

O futuro humanizado do direito

A transdisciplinaridade no estudo do Direito, como ciência, filosofia, espiritualidade, e os novos conhecimentos sobre como pensam e se comportam as pessoas, vindos da Programação Neurolinguística (PNL), do *Coaching*, das Constelações Familiares e do Direito Sistêmico possibilitam novas formas de se olhar o ser humano e tratar os conflitos. A realidade depende das causas sociais, a sociedade não vive segregada, vive, sim, pautada em vínculos, construída socialmente, isso tem possibilitado um grande número de estudos em torno da ciência cognitiva, dos processos mentais, das percepções, da memória, e essa multidisciplinaridade abre também um precedente junto à área jurídica, por meio da conexão com áreas como a psicologia, a biologia evolutiva e a neurociência. Prova disso é o crescente interesse dos juristas pelo Direito Sistêmico, surgido da análise do Direito sob uma ótica baseada nas ordens superiores que regem as relações humanas, segundo a ciência das Constelações Familiares. Essa abordagem foi introduzida pelo juiz brasileiro Sami Storch e tem alcançado enorme êxito na resolução de conflitos.

Como já comentamos anteriormente, o empreendedor e o empreendedor do Direito precisam estar atentos às novas oportunidades, é necessário que identifiquem as tendências e desbravem os novos horizontes. No caso dos advogados empreendedores, a questão é buscar novas formas de atender os seus clientes e o Direito humanizado, considerando que holisticamente o homem é uma perspectiva que tem ganhado muito força. É um novo caminho, buscar soluções inovadoras e disruptivas para além do litígio é o grande desafio. Pensar em atendimentos voltados para a mediação dos conflitos e harmonização das partes pode ser o grande diferencial do seu negócio, e aqui se tem dois ganhos, o ganho financeiro vindo da mediação das partes por meio do esclarecimento e do uso de ferramentas como o *Coaching*, a PNL, as Constelações Familiares, que podem acelerar as soluções e evitar gastos desnecessários pelas partes, e ao mesmo tempo o ganho de notoriedade, não por propor o litígio, muito pelo contrário, por trazer resoluções pacíficas e rápidas para as partes.

As máquinas estão revolucionando o mundo ao serem integradas e produzir respostas e agilidade às operações das organizações. Você pode revolucionar o mundo, fazer o mesmo ao reconhecer o homem na sua integralidade, e o ajudar a encontrar respostas para suas demandas.

Referências

DRUCKER, Peter F. *Dois profetas de nossa época*. Trad. de Salvyano Cavalcanti de Paiva. Diálogo, 12 (2).

FILION, Louis Jacques; DOLABELA, Fernando. *Boa Ideia! E agora?* São Paulo: Cultura.

LEITE, Emanuel F. *O fenômeno do empreendedorismo: criando riquezas*. São Paulo: Saraiva, 2012.

MENDES, Jerônimo. *Empreendedorismo 360°: a prática na prática*. 3. ed. São Paulo: Atlas, 2017.

SCHUMPETER, Joseph Alois. *Capitalismo, socialismo e democracia*. Trad. de Carla Santos. Rio de Janeiro: Zahar Editores, 1984.

SITA, Alexandre; SABÓIA, Elissandro. *Manual completo de empreendedorismo*. São Paulo: Literare Books International, 2018.

TOFFLER, A. *A terceira onda*. Rio de Janeiro: Record, 1980.

Capítulo 3

Superadvocacia: Tecnologia da Informação e Tecnologia de Desenvolvimento Humano

Leila Santana Arias Cunningham

Como transformar uma profissão de demanda em um negócio lucrativo? Como ser bem-sucedido e reconhecido? Onde encontrar o caminho que leve o profissional a se equipar aos novos rumos do Direito? Quem pode falar sobre soluções ao futuro do Direito? Como será regulada toda essa novidade? Como criar uma profissão que contribua sistemicamente com o todo e ter sucesso? Bem-vindo ao futuro!

Leila Santana Arias Cunningham

Advogada tributarista há 35 anos. *Trainer* em PNL autorizada pelo próprio Pai da PNL, o Dr. Richard Bandler a Certificar no Brasil e fora do País. Membro da The Society of NLP- USA, intituiçao original da PNL, a maior e mais respeitada do mundo. Possui formação Avançada em Hipnose Ericksoniana pelo Ph.D Stephen Paul Adler pelo ACT Institute. Formação em Hipnose Clínica Certificada por Fábio Puentes, responsável por cirurgias sem anestésicos para pacientes alérgicos do Hospital das Clínicas de São Paulo. Certificada em *Neuroeconomics* pela pela National Research University Higher School of Economics de Moscow, com Vasily Klucharev, que aborda o funcionamento neurológico da mente humana no processo de tomada de decisões. Sócia Diretora da CAPartners - Instituto de Programação Neurolinguística - PNL, *Trainer* dos cursos de *Practitcioner* e *Master Practicioner* em PNL, *Coaching* e de diversos cursos de curta duração.

Contatos
www.capartners.biz
Facebook: @Cunninghamariaspartners
Instagram: @capartners_pnl
LinkedIn: CAPartners-Treinamentos Corporativos
WhatsAppBusiness: (11) 96407- 2717

Como seria se o Direito e a Justiça fossem mais rápidos e ao mesmo tempo mais humanizados, proporcionando a dignidade, o respeito e a honradez que devem? Isso estaria próximo das necessidades e expectativas de todo o ser humano – seria o Direito e a Justiça humanizados.

O processo de humanização ocorre pela evolução do ser humano, aperfeiçoando as suas aptidões por meio da interação com o seu meio envolvente, ou seja, com o sistema em que vive. Assim, um Direito Sistêmico que abrangesse toda essa linha da evolução humana ofereceria essa dignidade e equidade, respeitando as diferenças. Isso seria mais do que direito de todo ser humano, seria justo.

Seria... se não fosse, que já existe, engatinhando ainda, mas já existe! Um Direito Sistêmico, ecológico – no sentido da existência humana equilibrada, mais funcional, mais reconhecedora da existência do ser que habita no outro e do sistema em que cada um vive, um Direito que reconhece e inclui a responsabilidade que cada um tem sobre si e sobre o outro em visão, reconhecimento, respeito, aceitação e colaboração ao mesmo tempo singular (individual) e coletiva (sistêmica), um sistema de Direito amadurecido, atualizado com as reais necessidades humanas.

Para cumprir essa tarefa, os indivíduos utilizam recursos e instrumentos como forma de auxílio. Tanto a comunicação como o Direito são meios de aplicação dessas ferramentas de grande importância na humanização.

Com o advento de ferramentas da Tecnologia da Informação, também conhecida como Inteligência Artificial voltada ao mundo do Direito e do Desenvolvimento Humano, também conhecida como Inteligência Emocional, relacionada à comunicação, essas tarefas já têm sido aplicadas em nossos tribunais com grande sucesso!

Porém, ainda há muitos conceitos, crenças e valores a serem revistos para atualização aos novos modelos.

Para se ter uma ideia de quanto o Direito ainda deverá mudar, basta observar que, na cultura de hoje, ainda se fala sobre "ganho de causa". Assim fala o advogado, a parte e todos do

O futuro humanizado do direito

meio do Direito: "ganho de causa"! Acontece que o conceito de ganho de causa traz o da perda: "perda da causa". Como pode uma parte ser vencedora em uma causa enquanto alguém do outro lado é o perdedor? E é assim que muitas pessoas identificam o sucesso em uma causa, quando dizem que "ganharam a causa".

É que ainda existe essa cultura de que para um ganhar, o outro tem que perder, e isso faz parte da pré-história da evolução humana. Hoje, o resultado equilibrado, em que todas as partes saem ganhando de modo justo, tem sido muito mais satisfatório e, de fato, justo em um sentido sistêmico. E tem como!

Criar e sustentar um Direito Sistêmico que aborda essa visão humana no sentido do contexto individual de cada um, ao mesmo tempo inserido em um ambiente que chamamos de sistema, demanda conhecimento e prática de habilidades ainda a serem adquiridas por muitos, por meio da Tecnologia de Desenvolvimento Humano. E essa é a maior de todas as ferramentas de transformação do Direito, da Justiça e do Futuro do Direito.

Tecnologia da Informação

Para isso, a Tecnologia da Informação, na outra ponta, oferece valorosíssimo suporte, liberando o profissional do Direito para focar na razão de ser, o cliente, a parte, os envolvidos, o ser humano carente e necessitado de Justiça.

Já a Tecnologia de Desenvolvimento Humano nas suas diversas modalidades oferece a oportunidade de adquirirmos as habilidades da transformação que estava faltando, a de conhecer como funcionamos e como podemos fazer para ajustar o nosso ser para melhor funcionalidade humana e, portanto, muito maior aproveitamento dentro de um sistema, o do indivíduo como ser, o do indivíduo dentro de um contexto dentro da sociedade e do mundo em que vivemos, um "sistema"- que é de onde vem o conceito denominado sistêmico.

Felizmente, temos muitas opções tecnológicas em ambas as opções disponíveis a favor do Futuro do Direito já em plena atividade e de resultados fantásticos.

Pelo mundo todo, a cada dia há algo novo sendo adaptado, visando a celeridade da Justiça com ferramentas tecnológicas surpreendentes.

É importante ao operador do Direito se manter aberto e com uma visão de curiosidade sobre esses avanços, a fim de colher os frutos da atualização, que somente acrescentam em qualidade de trabalho, retorno financeiro e conceito profissional.

Não imaginamos o que ainda está por vir, senão apenas que estamos passando por mudanças irreversíveis.

São muitos os de nosso meio que demonstram resistência às novidades, e isso é natural. Com o tempo, acabamos, na maioria dos casos, nos adaptando às mudanças.

Vamos apresentar um pouco das duas Tecnologias, a da Informação e a do Desenvolvimento Humano, neste capítulo.

Com relação à Tecnologia da Informação, as novidades diárias são muitas, mas vamos apresentar aqui, exemplificativamente, algumas delas.

Imagine uma disputa judicial com análises legais e possibilidades de resultados com tendência do entendimento dos tribunais, com equidistância real, o que significa respeito equânime às duas partes, com sentenças 100% acuradas a uma velocidade de resolução jamais vista antes?

Imagine como será, em pouco tempo, uma Justiça com informações e julgamento em ambiente de alta tecnologia sem possibilidade de erro humano ou perda de horas e horas de pesquisa? Um tempo em que o advogado pode se preparar com mais profundidade para análise dos casos e desenvolver sua profissão como um negócio, que é!

Imagine as possibilidades da Tecnologia da Informação:

- Reduzir custos;
- Aumentar a produtividade e a eficiência;
- Organizar os processos e atividades;
- Realizar pesquisa jurídica instantaneamente;
- Ter maior acessibilidade à lei;
- Prever as decisões de determinado juiz rapidamente;
- Resolver mediações, conciliações *online* com mais eficácia, evitando o litígio;
- Elaborar petições, *"smart contracts"* para avaliar acordos conforme com o nível de serviço;
- Total automação de documentos;
- Gestão de departamentos e negócios jurídicos;
- Promover transparência;
- Ajudar a desafogar o Judiciário; e muito mais.

O futuro humanizado do direito

Isso hoje é realidade, apesar de a grande maioria dos profissionais de Direito não utilizar em sua totalidade, ainda.

Isso evita horas infindáveis de pesquisa do profissional, que poderá utilizar-se dessas horas para estudos mais profundos, e significa uma enorme remodelagem de toda a estrutura do que se conhece hoje como Estrutura da Justiça.

A Austrália liderou a Revolução Legal Tecnológica, a *LegalTech* ou *LawTech*, como chamam, e que faz parte da Inteligência Artificial e já está totalmente incorporada à rotina de muitos que operam o Direito no mundo todo e aqui no Brasil, também.

Inúmeras universidades adicionaram novos módulos sobre esse assunto ao conteúdo programático dos cursos a fim de colocar no mercado de trabalho profissionais atualizados. Elas são responsáveis em trazer aos futuros advogados e operadores do Direito esse ecossistema tecnológico legal a fim de não tornar a carreira profissional obsoleta e trazer atraso aos recém-formados. É importante que elas participem do futuro, abracem e modelem esses novos caminhos a fim de oferecer competências nas novas habilidades tecnológicas.

Com tantas mudanças, muitos se perguntam se seria o fim da profissão.

Não se vislumbra, mesmo por um só momento, essa possibilidade. O que se sabe, entretanto, é que o papel do advogado terá mudado significativamente dentro de alguns poucos anos.

O sinal de que o mercado jurídico tem evoluído exponencialmente no Brasil, tratando-se de Tecnologia, é a Associação Brasileira de *Lawtechs* e *Legaltechs* (AB2L), que conta com mais de 130 empresas de tecnologia com serviços e *softwares* de gestão focados no mercado jurídico, número crescente a cada dia.

Com tanta tecnologia à disposição do operador do Direito, quem ganha muito em qualidade é a pessoa que busca o Direito, o cliente, que é quem dita os conceitos de prestação de serviços.

Segundo a AB2L, existem diversas categorias tecnológicas hoje disponíveis, e para cada uma delas, inúmeros *softwares* com soluções para automatizar o trabalho dos profissionais e até mesmo facilitar a rotina dos magistrados. Vejamos algumas:

- **Analytics e Jurimetria** – plataformas de análise e compilação de dados e jurimetria.

- **Automação e Gestão de Documentos** – *softwares* de automação de documentos jurídicos e gestão do ciclo de vida de contratos e processos.

- **Compliance** – empresas que oferecem o conjunto de disciplinas para fazer cumprir as normas legais e políticas estabelecidas para as atividades da instituição.

- **Conteúdo Jurídico, Educação e Consultoria** – portais de informação, legislação, notícias e demais empresas de consultoria com serviços desde segurança de informação a assessoria tributária.

- **Extração e Monitoramento de Dados Públicos** – monitoramento e gestão de informações públicas, como publicações, andamentos processuais, legislação e documentos cartorários.

- **Gestão – Escritórios e Departamentos Jurídicos** – soluções de gestão de informações para escritórios e departamentos jurídicos.

- **IA Setor Público** – soluções de inteligência artificial para tribunais e poder público.

- **Redes de Profissionais** – redes de conexão entre profissionais de Direito, que permitem a pessoas e empresas encontrarem advogados em todo o Brasil.

- **Regtech** – soluções tecnológicas para resolver problemas gerados pelas exigências de regulamentação.

- **Resolução de Conflitos Online** – empresas dedicadas à resolução *on-line* de conflitos por formas alternativas ao processo judicial, como mediação, arbitragem e negociação de acordos.

- **Taxtech** – Plataformas que oferecem tecnologias e soluções para todos os seus desafios tributários.

- **Juris Correspondente** – conecta advogados e oferece oportunidades de trabalho ou execução de trabalho pontual.

- **Dubbio** – conecta clientes a advogados.

Até mesmo o Poder Judiciário vem caminhando no sentido da aderência de novas tecnologias. O STF está desenvolvendo um projeto de Inteligência Artificial chamado VICTOR, em fase de implantação na área de Recursos Extraordinários, na esperança de desafogar a pauta da corte.

Podemos dizer que VICTOR será o 12º Ministro, apesar de robô, irá liberar os ministros para analisar demandas que exijam

O futuro humanizado do direito

maior grau de atenção, ao despachar para outras instâncias processos que não competem ao STF.

Há ainda *softwares* já bastante conhecidos e requisitados, desde grandes escritórios até os que caminham sozinhos mesmo de acordo com cada necessidade e orçamento. Vamos listar apenas alguns deles aqui:

- **JusBrasil-Com:** conteúdo jurídico, onde você aprende seus direitos e deveres, ou aprofunda seus conhecimentos por meio de artigos, notícias, jurisprudência, legislação e diários oficiais, e o diretório de advogados Jusbrasil, que facilita a sua busca por advogados de todo o país.

- **CONTRAKT":** automação e gestão de documentos jurídicos.

- **SAJ ADV:** soluções de gestão para escritórios e departamentos jurídicos, que com inteligência artificial auxiliam na gestão integrada de prazos e processos.

- **UPLEXIS:** permite levantamentos de dados e informações de forma rápida, precisa e segura em uma plataforma riquíssima e diversificada.

- **ASTREA:** feito para aperfeiçoar cada etapa da rotina do advogado, desde a atualização de processos e controle avançado de prazos até a gestão jurídica por completo.

- **JUSTTO:** aumenta a produtividade da sua empresa ou escritório de forma simples, com tecnologia de dados, ajudando os negociadores a priorizar suas tarefas e levando-os a fechar mais acordos, gerando economia por meio dessa negociação. Ela não é apenas uma plataforma de resolução de disputas *online* (ODR), ela é a única plataforma Data Driven Dispute Resolutions (3DR) que oferece inteligência para empresas, que permite receber relatórios de *performance* e *insights* das negociações, e assim você conhece o perfil da sua carteira e direciona a melhor política de acordos.

É importante ficar atento e sempre pesquisar sobre as novidades, pois os serviços acima mencionados são meramente exemplificativos. Todos os dias é possível encontrar algo novo!

Enquanto tudo isso está acontecendo para turbinar o modo de se operar o Direito e facilitar em muito a vida do profissional, em paralelo um outro mundo, totalmente novo, para muitos, também já está acontecendo.

A Tecnologia de Desenvolvimento Humano

Se de um lado se aprimora a Tecnologia da Informação para o Judiciário e todos os operadores do Direito, de outro a Tecnologia de Desenvolvimento Humano oferece evolução ao ser humano que opera essa tecnologia toda.

Isso reflete um trabalho humanizado que ao mesmo tempo corrobora os mais atuais conceitos do Direito Sistêmico, representando um superavanço quando se fala em Justiça, em Direito.

E tudo isso somente existe porque existem pessoas, seres humanos em conflitos não resolvidos na origem, buscando um "árbitro maior", o juiz para decidir o caso, o conflito existente.

Mas o que cria um conflito? Sim, o ser humano, o comportamento humano, a postura no sentido amplo, a palavra ou a falta de qualquer uma mencionada acrescida de inúmeros fatores.

Acontece que esses fatores são altamente subjetivos e até pouco tempo era muito difícil elaborar uma Justiça que abordasse essas subjetividades.

Com a Tecnologia do Desenvolvimento Humano, os que lidam com o Direito hoje conseguem desfrutar de soluções jamais antes pensadas. Desde assuntos da pessoa do profissional, do operador do Direito, a parte que busca esse Direito, até todos os envolvidos em uma lide, todos se beneficiam enormemente, enquanto seres humanos e geradores de conflitos.

Assim, com uma tecnologia que respeita a experiência subjetiva da mente humana, se pode hoje programar estados mentais úteis e de pacificação ou solução de conflitos de modo balanceado, sistêmico (nós chamamos de ecologia sistêmica, pois trata da integração entre o consciente e inconsciente, preservando-se o sistema individual e coletivo do ser, enquanto um ente da sociedade).

A experiência subjetiva é causa de estados mentais que promovem as reações, atitudes ou comportamentos conectados a estados emocionais reativos, oclusivos ou de fuga, em geral de modo inconsciente, e considerando que vivemos em sociedade, a inabilidade no trato das possibilidades úteis mentais pode provocar o conflito, gerando assim, muitas vezes, ações judiciais dos mais diversos portes e esferas.

Ações judiciais nas áreas comercial, empresarial, de negócios, relativas a contratos ou mesmo de família, criminal ou trabalhista, todas, sem nenhuma exceção, tiveram uma única fonte: os conflitos entre pessoas, não resolvidos, em razão de que essas, de alguma forma, encontravam-se inaptas a identificar soluções úteis na origem.

O futuro humanizado do direito

Claro que não se pode esperar que já, de repente, todo mundo saiba como conduzir os conflitos no seu estágio inicial, pois essa é uma disciplina que ainda não há nas faculdades ou nas escolas. A escola da vida tem sido penosa e nem assim isso significa aprendizado e evolução. Estão aí os tribunais e os noticiários para confirmar isso.

O que temos hoje como suporte de ponta ao desenvolvimento humano é a tecnologia da PNL (Programação Neurolinguística).

A PNL atua na fonte, na origem dos problemas (conflitos), abrindo possibilidades para novos rumos e tomadas de decisão mais conscientes. Isso faz do cidadão, do ser humano, um agente promotor de plenitude e condição de progresso dentro do sistema em que vive. Ela age no modelo de pensamento humano e em todo o conjunto de emoções, fazendo-o muito mais consciente, trazendo qualidade à comunicação, refletindo no comportamento humano e atendendo ao equilíbrio do sistema de convívio. Colabora para a evolução individual, oferecendo a visualização do outro e do problema por perspectivas que geram possibilidades, e fomenta a humanização dos relacionamentos, causando não somente a pacificação para a solução do problema e até mesmo gerenciando um sistema onde o entendimento implica a inexistência do problema.

Porém, apesar de tamanho salto na qualidade do conhecimento quanto ao funcionamento da mente humana, o que ainda se observa é o operador do Direito desconhecedor dessas novas possibilidades que estão disponíveis para uso imediato pessoal, no ambiente profissional, com clientes ou no desenvolvimento de uma causa.

É familiar ao leitor as inúmeras dificuldades pelas quais os profissionais passam, desde o recém-saído da faculdade ao veterano.

Muitos se sentem inaptos, inseguros, inadequados, pressionados pela necessidade do ganho e de sobrevivência, acabam envoltos por muitas dúvidas e medos. Aqui estão algumas das dificuldades mais comuns experienciadas:

- Insegurança por não saber por onde começar;
- Medo de não conseguir clientes;
- Medo de falar em audiência ou ser pego de surpresa;
- Não estar preparado para a atividade comercial ou o negócio do Direito;

- Desconhecer as formas éticas de propaganda e *marketing*;
- Não saber em qual área exatamente deseja atuar;
- Dificuldade em lidar com a instabilidade financeira;
- Não saber o que fazer se for passado para trás em uma causa;
- Não saber como agir se for confrontado pelo juiz, promotor ou advogado da parte contrária;
- Não conhecer ou ter acesso aos recursos tecnológicos práticos;
- Não saber como se manter atualizado e antenado com as transições em tempo real;
- Insegurança sobre como conquistar novos clientes;
- Não saber de que forma expandir o negócio;
- Medo da instabilidade financeira;
- Desconhecimento de como negociar um conflito entre as partes;
- Não saber como agir com o cliente, portador do problema, no contexto de oferecer aconselhamento prévio na nova cultura de humanização e paz, reduzindo ou eliminando o conflito e ao mesmo tempo fazendo jus aos honorários;
- Não saber como não se proteger da carga emocional que a pressão dessa soma toda causa, e assim por diante.

De uma forma geral, o que se apura é que a maioria dos pontos elencados acima está conectada a estados emocionais como o medo e a insegurança, mas principalmente ao desconhecimento do funcionamento da mente humana.

Como seria se fosse possível lidar com os medos, a insegurança, a ansiedade, o pânico que trava o profissional, fazendo do mais competente deles um refém de suas respostas neurológicas?

O que fazer com a urgência de dar certo, de ser bem-sucedido ou a pressão do trabalho em si para lidar com casos complexos ou de alta complexidade, que requeiram rapidez e muito além do que se possa ter experienciado até então, a necessidade de ser reconhecido como profissional qualificado?

Como estabelecer um plano de negócios com metas e objetivos que funcionem ou como gerenciar o estado emocional em momentos de necessidade?

O futuro humanizado do direito

De que forma oferecer estímulo íntegro e ético para influenciar estados de pacificação e humanização em conflitos de negócios ou de assuntos legais com clientes ou colegas de modo a conduzir uma negociação bem-sucedida de modo eficaz, capaz de transformar um conflito em uma solução equanimemente justa? E sem tantas respostas, há os que exercem a profissão ou até estão em posição pública e que se deparam com sobrecarga emocional pelo trabalho ou pelo excesso do trabalho, sofrendo Síndrome de *Burnout*, Síndrome do Pânico, depressão – males da nova era.

Agora, imagine você com estrutura humana para lidar consigo mesmo, como pessoa, como ente familiar, como profissional de Direito, como colega, como ser existente dentro não apenas de uma sociedade, mas de um sistema.

Mas, como oferecer mais a cada um desses ambientes, colaborar para a solução de problemas ou conflitos com elegância, competência técnica e humana, e ser realizado em cada uma das áreas da vida?

Como mencionado, a Tecnologia de Desenvolvimento Humano já está em uso de modo muito bem-sucedido.

Com a PNL (Programação Neurolinguística), é possível ao ser humano fazer um *upgrade*, uma atualização de si mesmo, e se tornar hábil para a vida, para usar todo o potencial que tem dentro de si e estar capacitado a enxergar as possibilidades e as estratégias para tomadas de decisão de modo mais consciente. Habilidades para eliminar medos, inseguranças e todos os estados emocionais ou sensações que de alguma forma causem algum tipo de limitação. Habilidades de vida, de uso da mente humana.

Isso tem a ver com resultados, com o sucesso que se pretende.

Tem a ver com estar preparado para utilizar todo o potencial humano alinhado ao sistema, ou seja, a tudo ou todos no seu meio de modo ecológico, onde todo o sistema é beneficiado de uma forma geral.

Isso interfere em todos positivamente, seja no nível pessoal ou familiar, nos negócios e, por extensão do sistema, na Justiça, no Direito, no profissional que somos.

O futuro do Direito, que já acontece, é cheio de oportunidades para o profissional se tornar bem-sucedido, desde a classe iniciante aos mais antigos na profissão. Desde os já bem colocados economicamente aos que ainda estão na construção desse sucesso, desde os mais tradicionais aos que atuam remotamente.

A PNL, o processo de *Coaching* e a Constelação Familiar Sistêmica têm trazido resultados extraordinários.

A PNL (Programação Neurolinguística) é o estudo da experiência subjetiva humana que alia a modelagem da excelência e a programação da comunicação da linguagem inconsciente e consciente para criar escolhas, possibilidades de novos padrões neurológicos, trazendo resultados rápidos, duradouros e eficazes. Ela oferece um material profundo, de aplicação simples, com resultados extraordinários de forma rápida e duradoura.

A tecnologia da PNL conhece da evolução, da atualização humana, onde se:

- Obtém muito mais sucesso na comunicação, chave mestra no trabalho com pessoas, conflitos e negócios;

- Domina com facilidade as emoções, sendo mestre em inteligência emocional;

- Conhece a fundo as ferramentas para gerenciamento de conflitos;

- Domina estrategicamente qualquer tipo de negociação de modo eficaz e íntegro;

- Tem acesso a possibilidades, escolhas de hábitos que os demais desconhecem e que fazem a diferença na vida pessoal e profissional;

- Possui carisma e empatia que, com ética e integridade, fazem conduzir o que se pretende ao rumo desejado;

- Adquire habilidades de persuasão e influência com elegância e competência;

- Eleva a barra de valores, alterando conjuntamente as crenças e rotas de sucesso;

- Obtém mudança de parâmetros na vida profissional e pessoal para níveis muitíssimo mais elevados. E muito mais do que se possa imaginar. É todo um mundo de possibilidades.

A PNL contempla ainda assuntos de Linguagem Hipnótica, que é fundamental para a comunicação humana bem-sucedida, sendo parte do conteúdo programático do curso de PNL. Com ela você descobre como alcançar o resultado pretendido por meio da linguagem que o estado inconsciente melhor se adequa, sempre com integridade e ética. O nosso inconsciente é um sábio protetor e, na maioria das vezes, sabe como identificar os modelos inconscientes

O futuro humanizado do direito

do ouvinte, do cliente, da parte adversa, pode oferecer a você elementos valiosíssimos para a estruturação do assunto que estiver em discussão. Conhecer o que há na mente de uma pessoa é tomar dela as armas, abrandar as resistências e abrir caminhos para uma negociação bem-sucedida, com elegância e inteligência.

Oferece ainda o poderosíssimo Metamodelo de Comunicação, um conjunto multifuncional de técnicas que facilita a identificação de assuntos de difícil lida, colocando cada item e especificação à disposição de escolhas sensatas.

Há ainda o Quadro de Negociação, que desenvolve as ondas de utilização de diversas outras técnicas e metodologias, a fim de cercar todas as possibilidades de erro e oferecer acertos possíveis de serem alcançados.

Com as estratégias combinadas com modelagens de sucesso, se obtém resultados que fazem a diferença nas tomadas de decisão acertadas.

Não menos importantes, as ferramentas para Alcance de Objetivos, bem montadas, transformam a situação atual na situação desejada, sejam em assuntos de negócios, no próprio desenvolvimento da profissão, na área pessoal, familiar ou demais outras.

As Posições Perceptuais são igualmente poderosíssimas.

Há mais de oitenta, entre técnicas, metodologias e ferramentas apresentadas no curso de PNL, todas são multifuncionais, podendo assim ser utilizadas em qualquer situação ou nível com elegância e sucesso.

Já o *coach* (treinador), qual seja, o profissional que atua com *Coaching* (treinamento), está apto a aplicar as técnicas e ferramentas que conhecerá no desenvolvimento do curso e fazer funcionar um plano, desde a sua montagem até a sua conclusão e checagem de progresso para aferição de resultados. Muito útil, simples e poderoso.

A Constelação Familiar apresenta uma visão e formato muito mais voltados aos sistemas familiares que se formam e que por vezes precisam ser reciclados, oferecendo oportunidade, aos que estão conectados a esse sistema, de reposicionarem suas posturas, suas atitudes, pensamentos, sentimentos, trazendo adequação e resolvendo conflitos do desalinhamento havido. Já está sendo utilizada com sucesso também em organizações, empresas, que igualmente contêm um conjunto de pessoas, formando um sistema, também.

É natural que o profissional, como ser humano que é, demande tempo para se familiarizar com todas essas mudanças e fazer com que elas sejam integradas em cada uma das esferas das áreas pessoal e profissional.

Uma coisa é certa, entretanto, a resistência adia a familiaridade e o sucesso, enquanto a avaliação e a implementação dessas novas tecnologias somente acrescentam em muito a todos. Como se vê, com tantas ferramentas, técnicas, metodologias e sistemas, a PNL oferece ao profissional de Direito importantes bases para ser bem-sucedido no trabalho que desenvolve, facilitando o caminho a ser tomado perante um cliente, um colaborador da Justiça, e isso contribui para a impressão que o profissional pretende apresentar, que é a de:

- Credibilidade,

- Competência;

- Atenção focada;

- Equilíbrio;

- Facilidade de alternação entre austeridade e acessibilidade de modo adequado;

- Domínio emocional;

- Linguagem balanceada;

- Capacidade de leitura ou mapeamento do comportamento humano, desde linguagens corporal e facial até pistas oculares e de linguagem;

- Facilidade de identificação de construção ou quebra de *rapport*;

- Linguagem persuasiva e direcionalizada;

- Super-habilidades de negociação.

- A PNL é imprescindível em termos de:

- Argumentação perante colegas e colaboradores;

- Aumento significativo de maestria em fala em público;

- Habilidade em solução de conflitos por identificação rápida de soluções para cada uma das possibilidades;

- Bloqueio de sobrecarga emocional alheia ou própria, facilitando a identificação de soluções e consequências muito mais facilmente;

O futuro humanizado do direito

- Estado de *"flow"* mais uniforme;
- Habilidade em redução instantânea de discussões acaloradas em quaisquer que sejam os ambientes;
- Habilidade para identificação, filtragem e devolução de informações ao cliente;
- Habilidade em escalagem de hierarquia de pensamentos, facilitando a organização mental e, portanto, suas soluções adequadamente;
- Habilidade em comunicação;
- Maestria em conciliação;
- Habilidade multissensorial de percepção do outro e, assim, estratégia de tomada de decisão mais acurada;
- Capacidade de influenciar com integridade e inteligência resultados positivos para todos, oferecendo entendimento estruturado;
- Aumento significativo da *performance* profissional e pessoal como um todo e em aspectos diversos.

Problemas jamais resolvidos com tamanho sucesso por profissionais da esfera dos assuntos mentais tradicionais hoje se amparam nessa tecnologia.

Considerando-se que a PNL foi criada com base na modelagem da excelência humana há mais de 40 anos, ainda estamos muito longe de torná-la acessível a todos. Mas já temos um Projeto de Lei do deputado estadual Rodrigo Gambale, de São Paulo, que prevê o ensino da PNL nas escolas de ensino fundamental e de ensino médio, a fim de oferecerem aos alunos o conhecimento do funcionamento da mente humana, equipando-os com habilidades de pensamento crítico e de tomadas de decisão mais funcionais, com conhecimento de como as estratégias mentais se organizam e como se projetam na vida de forma consciente, mais protegida e mais independente.

A multifuncionalidade da PNL ultrapassa enormemente os conceitos da Inteligência Emocional, que apesar de também estar incluída, não se limita a ela. Muito além do conhecimento e domínio das emoções, a PNL oferece o conhecimento do funcionamento da mente humana, estratégias de pensamento em nível consciente e inconsciente e as diversas possibilidades de aplicação e uso. A PNL atua no descobrimento do potencial inconsciente, fazendo as possibilidades acontecerem com integridade e ética.

Finalmente, oferece a criação de inúmeras possibilidades importantes em um mundo onde parece não existir sequer uma, a redução da violência verbal, dano emocional ou físico, o ajuste da consciência com equilíbrio de estado emocional, autoestima, confiança, valores e crenças com o comportamento, a tomada de decisão e sistema de ecologia simultaneamente.

Convém nos educarmos e aprender a lidar com limites, frustrações, gerenciamento do tempo (relógios interno e externo), visão e atitude de respeito, consideração e comunicação saudável – não violenta –, a fim de obtermos os frutos dignos desta era da Cultura de Paz, o funcionamento da mente humana diante dos fatos da vida, e o outro, gerenciamento emocional inteligente, preparação para a maturidade e responsabilidade, reconhecimento do campo das consequências e opções de desvio dos riscos ou perigos. Conhecimento sobre valores, crenças, atitudes, ferramentas de autoconhecimento e autogerenciamento, que podem tornar o mundo muito melhor.

Saber como construir e se reconstruir sempre que necessário, ter facilidade de acesso a si mesmo e conhecer como fazer para se reprogramar pode fazer do ser humano e profissional um ser grandioso, como aquele o qual veio ao mundo, e de cujas competências já nasceu dotado.

Assim, a PNL vem sendo utilizada por profissionais de diversas áreas e advogados no mundo inteiro, sendo finalmente incorporada também à rotina dos psicólogos, psiquiatras, psicopedagogos, terapeutas e afins.

Transformar advogados sobrecarregados entre tantas pesquisas, idas e vindas, casos e perspectivas de crescimento na área adotada em Líder de Negócio dentro do escolhido é um desafio enorme que pode ser facilmente dirigido com as habilidades hoje disponíveis na PNL.

A habilidade de lidar com resistência, possibilidades de forma inteligente, tanto emocionalmente como artificialmente, têm a condição de levá-lo a patamares que em breve colegas estarão experienciando.

E, como ninguém quer ficar de fora, começar a acompanhar a evolução agora é melhor do que depois.

Estamos vivendo o futuro hoje, em uma fase de evolução jamais vista antes, e tudo o que podemos fazer é nos manter atualizados, informados das novas tendências, aplicando-as imediatamente.

Assim, antes que o anseio do conhecimento obscureça a cautela, vamos oferecer aqui alguns parâmetros para escolha

O futuro humanizado do direito

da melhor opção para aprendizado da PNL, a mais abrangente e profunda, e para isso convém sempre observar algumas dicas, com fatores dos quais você deve fugir:

1. **Fuja daqueles que prometem riqueza por meio dos cursos de formação:** você pode, sim, ter um aumento significativo nos seus resultados financeiros, desde que mantenha em mente que, além da integridade e ética, também são necessárias competência, busca constante de atualização e saber o significado da palavra construção, a qual demanda tempo;

2. **Fuja dos cursos de palco:** o aproveitamento efetivo dos programas ou cursos de palco em nada garante o resultado qualificado que se deseja para uma aplicação devida, e os pífios números apresentados são pinçados de uma multidão da qual poderia ter sido perfeitamente apenas um acontecimento meramente estatístico de probabilidade;

3. **Fuja das superofertas:** tais como os bônus, superdescontos, contagens regressivas e números limitados que geram a sensação de emergência, são estratégias de *marketing*. Cursos de qualidade são caros mesmo, porque oferecem valor, mais conteúdo, mais suporte, mais treinamento.

O que, entretanto, faz a diferença é a instituição formadora que entrega o curso de PNL, assim o *trainer* que vai transferir o conhecimento tem que ter sido formado pela escola de origem, que vem do próprio criador da PNL, o Dr. Richard Bandler.

O Dr. Richard Bandler é o criador, conjuntamente com John Grinder, e o único que mantém até hoje cursos de formação em *Practitioner* e *Master Practitoner* pela The Society of NLP dos Estados Unidos.

Cada aluno do curso de *Practitioner* ou *Master Practicioner* em PNL recebe um certificado assinado diretamente pelo Dr. Richard Bandler, por John LaValle, diretor da The Society of NLP, e por nós da CAPartners, Instituto de PNL e Coaching.

Estar atualizado, apesar de parecer assustador em um primeiro momento, é um desafio fascinante e altamente recompensador.

O caminho é suave quando se tem a orientação de para onde se conduzir e quem estará orientando.

As ofertas são muitas e a necessidade de atualização urge.

Entretanto, buscar informações para receber o que de melhor existe hoje para os novos rumos do Direito é fundamental.

Com tanto por conhecer e aplicar, muitos ficam imaginando que tudo isso vai demandar muito tempo. Melhor permanecer no caminho sempre se atualizando do que ficar mais distante dessas maravilhosas tecnologias, que somente beneficiam a todos e em todas as áreas, inclusive pessoal e profissionalmente.

Capítulo 4

Pensamento
sistêmico
estratégico

Aloisio Espindola & Carla Alessandra Branca

Neste capítulo, você vai ter uma noção de como utilizar estrategicamente o pensamento sistêmico, seja em sua vida pessoal, familiar ou empresarial. Vamos conhecer o método central para isso, qual seja o método sistêmico, e descrever os passos para uma percepção madura.

Aloisio Espindola

Mestre em Engenharia Agrícola (UNICAMP), MBA em Gestão Estratégica de Empresas (UNICAMP), Especialização em Gestão de Projetos pela FIAP e de *Marketing* pela ESPM, graduado em Publicidade e Propaganda (*Marketing*) pela PUCC. Professor associado do Centro Paula Souza, Coordenador do Hub-FATEC-MC, e Gestor de Novos Negócios e de Projetos na MS Tecnologia da Informação e Comunicação. Desenvolve projetos acadêmicos junto a empresas rurais para planejamento estratégico e apoio à identidade geográfica.

Carla Alessandra Branca

Advogada, sócia do escritório Calderaro e Branca, Mestre em Políticas Públicas e especialista em Processo Civil, Gestão Educacional, em Direito e Processo do Trabalho; vice-presidente da Comissão de Direito Sistêmico da OAB de Mogi das Cruzes; Conciliadora e Mediadora formada pelo CEBEPJ, *Coach* formada pela IAPerforma. Advogada Sistêmica formada pela Gestão da Advocacia Sistêmica – GDAS.

Contatos

Aloisio Espindola
mundodosaber.com.br
aloisio@mundodosaber.com.br
espindola@gmail.com
(19) 3251-6744

Carla Alessandra Branca
carlabrs@hotmail.com
Facebook: @calderaroebrancaadvocacia

Penso, logo existo!

Essa inconfundível frase é conhecida por sua forma em latim, "Cogito, ergo sum", é uma frase do filósofo francês René Descartes. A frase original foi escrita em francês ("Je pense, donc je suis") e está no livro *Discurso do método*, de 1637. Mas o que essa frase tem a ver com o nosso tema pensamento sistêmico? Qual a ligação do pensar e do sistema?

René Descartes (1596-1650), considerado o fundador da filosofia moderna, chegou à conclusão dessa célebre frase enquanto buscava traçar uma metodologia para definir o que seria o "verdadeiro conhecimento".

E se formos buscar no dicionário Aurélio, pensamento significa etimologicamente: pensar + mento. Que seria o ato de pensar, de tomar consciência, de refletir ou meditar. Faculdade de conceber, de combinar e comparar ideias; inteligência; ato particular da mente; o resultado desse ato; reflexão. Ponto de vista que resulta da observação, frase que traz consigo um ensinamento moral; máxima, sentença. Ação de representar mentalmente alguma coisa; ideia. Sentimento de cuidado, zelo, preocupação.

Com base nessa ideia de reflexão, tomar consciência, é que vamos falar do que vem a ser o pensamento sistêmico. O pensamento sistêmico começa no sistema, portanto aqui falaremos apenas que um sistema é um grupo interdependente de itens, pessoas ou processos trabalhando juntos em direção a um propósito comum.

Ainda que isso possa soar como novo, todos nós fazemos parte de sistemas, começamos com nossa família, nosso trabalho, nossa casa, escola e até mesmo nossos amigos, mas se parar para pensar, poderá encontrar vários outros sistemas dos quais faça parte, por isso esses são apenas alguns sistemas. O conceito de sistema é uma estrutura útil para pensarmos sobre melhorias.

E sistêmico? O que seria? Em uma rápida abordagem, podemos citar que o pensamento sistêmico é uma forma de manifestação da realidade que surgiu no século XX, em contraposição ao pensamento "reducionista-mecanicista" herdado dos filósofos

O futuro humanizado do direito

da Revolução Científica do século XVII, como Descartes, Francis Bacon e Newton.

O pensamento sistêmico, conforme descreve Vasconcellos (2003) em sua obra, não nega a racionalidade científica, mas acredita que ela não oferece parâmetros suficientes para o desenvolvimento humano e para a descrição do universo material, e por isso deve ser desenvolvida conjuntamente com a subjetividade das artes e das diversas tradições espirituais. Isso se deve à limitação do método científico e da análise quando aplicados nos estudos de física subatômica (onde se encontram as forças que compõem todo o universo), biologia, medicina e ciências humanas.

Da mesma forma, ressalta Andrade em sua obra, o pensamento sistêmico é um modo de raciocinar, um processo cognitivo, que se orienta por pressupostos sistêmicos. Esses pressupostos dariam condições de compreensão do "e", dos relacionamentos, a lógica de causa e efeito.

Por isso, dizemos que necessitamos da "visão sistêmica", que nos permite ter capacidade de perceber o todo de maneira expandida, considerando o tempo e o espaço. Isso significa ver a organização mudando com o tempo, nós enquanto indivíduos mudando, para melhor satisfazer às necessidades, seja do cliente, da organização, da família ou até mesmo as nossas próprias necessidades.

E quando refletimos que o pensamento sistêmico nos permite ter uma visão panorâmica do passado, presente e futuro, no sentido de que nos habilita a disciplinar a mente a contemplar movimentos, temos que concordar com Andrade, quando ressalta que concebemos o pensamento como uma janela, para um mundo novo.

Essa janela nos mostra vários sistemas, que afetam a vida pessoal, financeira, organizacional. Quando lidamos com os sistemas, não podemos mais afirmar que a causa e o efeito possuem padronizações, pois as partes acabam sendo influenciadas por diversos fatores.

Portanto, precisamos enxergar a floresta no lugar da árvore. As constelações familiares, outro capítulo deste livro, se baseiam no pensamento sistêmico.

Vamos, aqui, olhar o pensamento sistêmico como um cume de uma montanha, ela necessita ser alcançada, e para tanto vamos aprender agora como conseguir chegar ao cume. Em nossa história, tivemos o pedagogo russo Vigotski, que dizia que pensamento e linguagem andam de mão dadas, portanto, se queremos desenvolver o pensamento sistêmico, precisamos desenvolver uma linguagem sistêmica, isso quer dizer que necessitamos moldar nossa forma de pensar e falar para que o sistema ao nosso redor reverbere em nosso favor.

Da mesma forma, precisamos abordar o pensamento cartesiano de Descartes, método baseado na dedução pura, que consiste em começar com verdades ou axiomas simples e evidentes por si mesmos, e depois raciocinar com base neles, até chegar a conclusões particulares.

Descartes afirmava que tudo era duvidoso, nada podendo ser considerado "a priori" como certo, a não ser uma coisa: "Se duvido, penso, se penso, existo": "Cogito, ergo sum". "Penso, logo existo", ponto de partida da Dúvida Metódica, de onde se constrói todo o seu pensamento.

Agora que já possuímos conhecimento, ainda que basilar para compreendermos o que vem a ser pensamento sistêmico e cartesiano, vamos aprender a utilizar os mecanismos corretos para desenvolver esse pensamento, seja em nosso campo pessoal, organização, familiar, ou em outros.

Precisamos compreender o pensamento sistêmico da mesma forma como compreendemos o processo de comunicação, uma palavra derivada do termo latino "communicare", que significa "partilhar, participar algo, tornar comum".

Desde o princípio dos tempos, a comunicação foi de grande importância, sendo uma ferramenta de integração, instrução, de troca mútua e desenvolvimento. Mas como se dá o processo de comunicação?

É a transmissão de informação entre um emissor e um receptor que descodifica (interpreta) uma determinada mensagem. A mensagem é codificada num sistema de sinais que podem ser gestos, sons, indícios, uma língua ou outros códigos e transportada até o destinatário por meio de um canal de comunicação – carta, telefone, comunicado na televisão etc.

Nesse processo, podem ser identificados os seguintes elementos: emissor, receptor, código (sistema de sinais) e canal de comunicação. Um outro elemento é o ruído, caracterizado por tudo aquilo que afeta o canal, perturbando a perfeita captação da mensagem (por exemplo, falta de rede no celular).

Então, vamos olhar para o pensamento sistêmico enquanto um processo de transmissão da informação. Temos de pronto o emissor, que aqui chamaremos de emissor da linguagem sistêmica, responsável por emitir seja uma linguagem visual,

O futuro humanizado do direito

proporcionando um procedimento mais dinâmico ao todo, como, por exemplo, os chamados mapas conceituais.

Depois precisamos do receptor, que irá receber a mensagem, mas aqui o cuidado é maior, pois dependendo de como esteja o seu sistema, seja familiar, financeiro ou pessoal, vai impactar na maneira como esse receptor irá receber a mensagem, decodificando-a. Não que o emissor não passe por esse processo. Podemos exemplificar a partir de um dos canais mais eficazes atualmente, que é o WhatsApp. Quando uma pessoa envia uma mensagem, ela dentro de si, por meio de seu processo cognitivo, sabe o que pretende transmitir pelo Whats, mas o receptor precisará, pelo mesmo processo, decodificar a mensagem, sem que ocorram os ruídos.

Os ruídos são aqui para nós os problemas influenciados pela sociedade, família, comunidade, trabalho. Então, necessitamos dos procedimentos para compreender como desenvolver um Pensamento Sistêmico estratégico.

Assim, o Pensamento Sistêmico pode e deve ser aprendido para que as diversas atividades, profissionais ou pessoais, possam ser potencializadas por meio dos benefícios que esse proporciona, visto a alta complexidade dessas atividades.

Estrategicamente, a forma de trabalhar com a complexidade que envolve diversas áreas, como economia, sociologia, medicina, biologia, psicologia, entre outras, e também o Direito, exige novas maneiras de conceber soluções e entendimento do todo, ou seja, uma percepção sistêmica. Permite, com isso, lidar com diferentes ambientes, visões e percepções, interesses, desafios, influências e atores de forma interconectada.

Entretanto, temos dicotomia nas metodologias de resolução de problemas, onde temos a separação em partes menores para o melhor entendimento e propostas de soluções, e a visão do todo, com tudo junto e interligado para a melhor solução. Para resolver essa dicotomia, a utilização de diferentes ferramentas, tais como mapas mentais, fluxos de processos, relação causa e efeito, *balanced sorecard, design thinking,* entre outras, auxilia a definir, como um processo dinâmico e circular, a modelagem sistêmica da resolução, utilizando também o conceito de subsistemas.

Vale explorar mais profundamente os conceitos e aplicações dessas ferramentas em literatura específica.

Esse processo é aprendido por meio de reiterações em um conjunto de passos com situações de interesse e distintas, que leva ao desenvolvimento do pensamento sistêmico. Ackoff (1981, citado por Kasper, 2000) aborda o conceito de subsistemas com propósitos distintos (objetivos e metas, necessidades das pessoas e interesses) correlacionados com controle, humanização e ambientalização. O autor defende que a resolução dos problemas complexos está contida em um todo e que estes não podem ser tratados isoladamente, devem ter um tratamento sistêmico com proposta de solução cíclica e interativa.

Kasper (2000) faz um levantamento sobre o processo de pensamento sistêmico e suas principais abordagens, de forma didática e ampla, ilustrando diversos modelos e concepções, sobretudo pelo viés sociológico e antropológico. As análises desses modelos, na maioria, utilizam a Análise por Triangulação, segundo Tuzzo e Braga (2016), a Análise por Triangulação de métodos significa adotar um comportamento reflexivo-conceitual e prático do objeto de estudo da pesquisa sob diferentes perspectivas, o que possibilita complementar, com riqueza de interpretações, a temática pesquisada, ao mesmo tempo permite que se aumente a consistência das conclusões, possibilitando ao pesquisador detectar fenômenos que constituem o tripé sujeito, objeto e fenômeno.

Assim, a aplicação do pensamento sistêmico no Direito vem crescendo nos últimos anos, caracterizando o "Futuro do Direito", na preocupação de resolver o problema em vez de resolver o "processo". A metodologia de Análise por Triangulação (todo, partes, interesses), associada aos níveis de pensamento sistêmico pela metáfora do *iceberg* (eventos, padrões de comportamento, estrutura sistêmica e modelos mentais), conforme Andrade (1998, citado por Kasper, 2000), coloca esse novo Direito na vanguarda dos modelos atuais, criando uma nova mentalidade sobre a organização sistêmica e padrões de interações, como um novo quadro dinâmico de referência, em detrimento da visão mecanicista.

Capra e Mattei (2018) afirmam que ainda é insipiente o uso do Pensamento Sistêmico, redes e relações na teoria e prática do Direito, mas a tendência de crescimento do uso dessa nova mentalidade já pode ser observada na metodologia utilizada nos processos "resolvidos" pelo país, mais detalhado ainda neste livro com o uso de Constelações Familiares.

Com o modelo do Direito mecanicista tradicional, o tempo para a solução de um processo no Brasil é muito longo, mesmo com o grande efetivo judiciário, porém observa-se um crescimento significativo do índice de conciliações, sem necessidade de prestação jurisdicional por meio de sentenças, pelo uso da técnica das

O futuro humanizado do direito

Constelações Familiares. Lorenzi e Vulcanis (2019) afirmam que esses índices variam entre 80% e 100% de avaliação positiva na solução de conflitos, números expressivos em relação aos métodos de conciliação tradicionais que, segundo dados do Poder Judiciário brasileiro, levam apenas 12% dos casos à solução.

Assim, é possível afirmar que existe uma metodologia com potencialidade relativa para mudar o rumo do atual Direito, e com isso é possível antever uma tendência a considerar o Pensamento Sistêmico como nova forma e mentalidade de atuação.

Face a essa tendência e inovação, qual a atitude do profissional do Direito em relação ao mercado? Comparativamente, outras inovações disruptivas fizeram grandes mudanças no mercado e comportamento dos profissionais e empresas. O transporte por aplicativo alterou o monopólio dos táxis convencionais e ainda aumentou a demanda, a hospedagem alternativa, que tirou boa parte dos clientes dos hotéis, os serviços de *streaming* de vídeo e música, que acabaram com as videolocadoras e as lojas de CD, as *fintechs*, que oferecem cartão de crédito controlado totalmente por um aplicativo e livre de tarifas como a anuidade, deram mais acesso aos serviços a todos os níveis socioeconômicos, essas e outras inovações disruptivas mudaram o jeito tradicional de operar e resolver problemas.

Inovação disruptiva, o que é isso? Baseado no conceito da "destruição criativa" de Clayton Christensen, professor de Harvard, inspirado em outro conceito definido pelo economista austríaco Joseph Schumpeter em 1939 para explicar os ciclos de negócios, é um produto ou serviço que cria um novo mercado e desestabiliza os concorrentes que antes o dominavam, podendo ser algo mais simples, mais eficiente, mais barato do que o que já existe ou algo capaz de atender a um público que antes não tinha acesso ao mercado.

O comportamento das empresas e profissionais que não se inovarem, incorrem na velha e atual "miopia em *marketing*", que segundo Theodore Levitt concentra-se no produto/serviço que oferecem em vez das necessidades dos clientes/pessoas, não percebendo as mudanças no macroambiente, ou seja, novos padrões, ações da concorrência, novos comportamentos, novas necessidades.

A atitude do profissional do Direito, em resposta à pergunta anterior, deve considerar que a ação disruptiva deve facilitar as coisas, nunca complicar, ter o foco em resolver (solução) um problema da organização ou do cliente/pessoa, de forma definitiva.

Considerar também a elaboração de um modelo de negócio de sucesso, utilizando essa inovação, que provoque convicção e satisfação ao cliente/pessoa, que ele se adapte à nova metodologia e reconhecimento da proposta de valor, que não consiga mais viver sem ela. Deve-se lembrar também de outras inovações usadas atualmente, como a *blockchain, chatbots, machine learning, smart contracts* e as aplicações de inteligência artificial. Entretanto, essas ferramentas tecnológicas têm foco na gestão, agilidade operacional, diagnósticos e análises mecanicistas que auxiliam, e muito, os trabalhos, porém a solução do problema carece de conhecimento... de pensamento... de Pensamento Sistêmico... de Direito Sistêmico.

Entende-se como essencial para se pensar, falar, propor e implementar uma proposta inovadora na condução das atividades relacionadas ao Direito, que se dê atenção integral às pessoas em todas as suas dimensões como um todo.

Não será suficiente que alterações sejam promovidas apenas por uma metodologia, ou uso de recursos tecnológicos, ou construções de padrões. Há que se pensar e planejar para que todo o trabalho responda ao modelo inovador e ofereça condições adequadas para que a solução esperada para as reais necessidades possa ser alcançada.

Toda essa reorganização para o uso do Direito Sistêmico que pretende tornar-se inovador não tem condições de se efetivar sem a participação efetiva do profissional e das instituições jurídicas. A participação e o compromisso desses com o modelo inovador são fundamentais para as mudanças que serão necessárias, haja vista, por exemplo, alterações de atitude, tempo, modelos, formação de profissionais e outros fatores.

Essa participação é tão decisiva que muitos projetos inovadores se inviabilizam, por exemplo, por falta de investimento na formação dos profissionais, ou por não se contratar assessorias externas, por falta de recursos tecnológicos, e assim por diante. As instituições jurídicas, escritórios de advocacia e profissionais precisam assumir os modelos inovadores como seus e estarem dispostos a apoiá-los efetivamente.

Não é uma opção ou escolha do profissional adotar novos modelos, conceitos, políticas, competências e ferramentas tecnológicas envolvidas na resolução de problemas e processos. Essa deve ser uma ação intencional, curricularmente instituída e vivida pelos profissionais e juristas, portanto aproveite este momento, esta hora, para saber como os frutos fazem para subir e se manter na copa da árvore.

Referências

ANDRADE, Aurélio. *Pensamento sistêmico: caderno de campo*. Porto Alegre: Bookman, 2006.

CAPRA, Fritjof; MATTEI, Ugo. *A revolução ecojurídica: o direito sistêmico em sintonia com a natureza e a comunidade*. Trad. de Jeferson Luiz Camargo. São Paulo: Cultrix, 2018.

CARVALHO, Bianca Pizzatto. *Constelações familiares na advocacia sistêmica*. Joinville, SC: Manuscritos, 2018.

HELLINGER, Bert. *Ordens da ajuda: um livro de treinamento*. Brasil, Atman, 2005

KASPER, Humberto. *O processo de pensamento sistêmico: um estudo das principais abordagens a partir de quadro de referência proposto*. Dissertação de Mestrado – UFRGS, 2000.

LORENZI, Dilnei; VULCANIS, Andréa. *Direito Sistêmico: um novo direito para uma nova visão da vida*. Revista Internacional Consinter de Direito, ano V, nº VIII, 1º Sem. 2019.

REALE, Giovanni.; ANTISERI, Dario. *História da filosofia*. Paulinas. SP, 1991.

SANTOS, Marcella. *Curso básico da advocacia sistêmica*. Data completa, 2018.

SILVA, Mauricio Oscar da Rocha. *O mito cartesiano e outros ensaios*. São Paulo: Hucitec, 1978.

TUZZO, S. A. e BRAGA, C. F. *O processo de triangulação da pesquisa qualitativa: o metafenômeno como Gênese*. Revista Pesquisa Qualitativa. São Paulo (SP), v. 4, n.5, ago, 2016

VASCONCELLOS, Maria José Esteves de. *Pensamento Sistêmico - o novo paradigma da ciência*. Campinas: Papirus, 2003.

VIGOTSKI, Lev Semyonovitch. *Pensamento e linguagem*. 4. ed. São Paulo: Martins Fontes, 2015.

Capítulo 5

A contribuição da Constelação Sistêmica Familiar

Cátia Lanzoni

Para iniciar a nossa jornada trazendo informações sobre a Constelação Familiar e sua contribuição ao Direito Sistêmico, faremos uma breve introdução sobre o Universo Sistêmico.

Cátia Lanzoni

Administradora de Empresas, empresária fundadora do Performance Institute e Grupo Performance Feminina, especialista sistêmica organizacional, facilitadora, consteladora sistêmica, *coach* integral sistêmica, PNL, analista comportamental, liderança sistêmica, *trainer* e palestrante com foco em comportamento e alta *performance*. Apaixonada por pessoas e por tudo que envolve o Universo Sistêmico, dedicou-se aos estudos relacionados às pessoas e aos sintomas, assim, decidiu focar na carreira e no desenvolvimento de pessoas, reuniu mais de 1300 horas na aplicação de treinamentos, como PNL, Perfil Comportamental e Constelação Sistêmica, para pessoas físicas e organizações, além do atendimento individual nos processos de *Coaching*. A soma das técnicas possibilita resultado mais eficiente, pois estimula o olhar para o Sistema Integrado.

Contatos
www.performanceinstitute.com.br
catialanzoni@performanceinstitute.com.br
Facebook: Catia Lanzoni
Instagram: @coachcatialanzoni
(11) 94194-0817

Constelação Familiar é definida como uma terapia pseudocientífica fenomenológica, totalmente vivencial, sistêmica, não empirista ou subjetiva, desenvolvida pelo filósofo alemão Bert Hellinger, nascido na Alemanha em 1925. Hellinger formou-se em Filosofia, Teologia e Pedagogia. Como sacerdote católico, viveu e trabalhou durante 16 anos como missionário na África do Sul, junto à comunidade dos Zulus.

No final dos anos 1960, Hellinger voltou à Alemanha, onde passou a estudar Gestalt, Psicanálise, Terapia Primal, e se interessou pela Análise Transacional, e assim desenvolveu e estruturou o método, a partir da sua trajetória de observações nos padrões familiares, aprofundando sua teoria após ampliar a visão sob as diversas formas de psicoterapia familiar e os padrões de comportamento que se repetem nas famílias e grupos familiares ao longo de gerações.

Podemos citar vários estudiosos, como Virginia Satir, que nos anos 70 explanou sobre as "esculturas familiares" e anteriormente relatado por Levy Moreno, criador do psicodrama. Tudo isso somado às hipóteses estruturadas pela teoria de evolução dos "campos morfogenéticos", formulada pelo biólogo britânico Rupert Sheldrake e apoiando-se em conceitos da Física Quântica.

É comum, para novos clientes da Constelação Sistêmica de Bert Hellinger, a confusão de entender do que se trata essa ferramenta, por isso vamos trazer informações sobre o conceito dos campos sistêmicos, que é comprovado pela ciência e pelas pesquisas atuais.

Campos Morfogenéticos, o que é isso?

Para abordar os Campos Morfogenéticos, precisamos explanar um pouco mais sobre Rupert Sheldrake. Nascido em 1942 no Reino Unido, é biólogo, bioquímico, parapsicólogo, escritor e palestrante, reconhecido por sua teoria da morfogênese. As suas teorias não só estão revolucionando o ramo científico de seu campo (a biologia), mas transbordam para outras áreas ou disciplinas como a física e a psicologia, pois segundo Sheldrake, os organismos adotam as suas formas e comportamentos característicos.

O futuro humanizado do direito

Para entender um pouco mais, Morfo vem da palavra grega *morphe*, que significa forma; genética vem de gêneses, que significa origem. Os campos morfogenéticos são campos de forma, campos padrões, estruturas de ordem. Esses campos organizam não só os campos de organismos vivos, mas também de cristais e moléculas. Cada tipo de molécula, cada proteína, por exemplo, tem o seu próprio campo mórfico – hemoglobina, insulina etc. Do mesmo modo, cada tipo de cristal, de organismo, de instinto ou padrão de comportamento tem seu campo mórfico. Esses campos são os que ordenam a natureza.

> Os Campos Mórficos funcionam modificando a probabilidade de eventos puramente aleatórios. Em vez de uma grande aleatoriedade, de algum modo eles enfocam isso, de forma que certas coisas acontecem em vez de outras. É desse modo que eu acredito que eles funcionam, destacou Rupert Sheldrake.

Relação com a Constelação Sistêmica Familiar

Como a abordagem da Constelação Sistêmica é empírica, e considerada uma técnica Psicoterapia Sistêmica Fenomenológica, portanto, seus fenômenos são observados na vivência, ou seja, na prática terapêutica e nos resultados relatados por quem passa no processo.

Estamos todos conectados à história de nossa família. Somos vinculados e fazemos parte, como herança nossa história contribui com a nossa personalidade, com todas as nossas forças e fraquezas.

Dessa forma, por ressonância podemos repetir os padrões vividos por nossos antepassados, pois é o que está no nosso campo morfogenético, e assim a vivência da técnica utilizada na constelação pode contribuir com a dissolução dos antigos padrões familiares, que de alguma forma impedem o livre fluxo de amor entre os membros de um sistema.

Sheldrake explica o fenômeno em seu livro que:

> As regularidades da natureza não são impostas a ela desde um reino transcendente, mas evoluem dentro do universo. Aquilo que acontece depende

daquilo que aconteceu antes. A memória é inerente à natureza. É transmitida por um processo chamado ressonância mórfica, que atua em campos chamados de Campos Mórficos.

Tudo em nossa vida é energia, acessar isso só é passível de compreensão quando aceitamos que o mundo sensível não é completamente óbvio à nossa consciência. Devemos observar as manifestações, isso é saudável, assim como é positivo a suspensão de juízo ao percebê-lo. Ter uma atitude fenomenológica é ter um olhar sem vícios e juízos, eis um dos maiores aprendizados da prática da constelação: "o não julgar", saber que perceber "com os sentidos é o que "parece" e não necessariamente o que "é".

A Constelação Sistêmica atua de forma muito direta nas questões do sistema familiar, abre espaço para um novo olhar, possibilitando uma nova compreensão e aceitação. Isso possibilita a ressignificação e liberação dos padrões, tornando assim possível o restabelecimento da ordem básica sistêmica, agregando respeito e aceitação à herança familiar.

Esse pode ser o primeiro passo para a dissolução dos chamados emaranhamentos sistêmicos, pois tudo o que aconteceu fica registrado na memória da família, e parte dos sistemas de crença e dinâmicas comportamentais será passada por várias gerações, sem que tenhamos consciência disso.

São fatos difíceis e por vezes não resolvidos de nossa história familiar, que podem ser revividos por outra pessoa dessa família, de forma a permitir criar um movimento de solução. Essa identificação geralmente ocorre de forma inconsciente, o que ocasiona dificuldades para a pessoa que revive o problema, e para todo o sistema familiar.

As Leis Sistêmicas ou Ordens do Amor

Para Bert Hellinger, existem leis que regulam os sistemas, e a harmonia desses sistemas depende de princípios e regras. A ordem precede o amor que, por maior que seja, só pode chegar se as ordens são reconhecidas.

Essas ordens são universais, elas definem as relações entre todos os seres humanos, desde seu nascimento até a morte, independentemente da cultura. Elas atuam sobre nós e delas dependemos para encontrar plenitude e paz, seja em grupo ou individualmente.

> Essas três leis estão estabelecidas basicamente na necessidade de um clã, e foram tão importantes para a sobrevivência humana que passaram a ser uma espécie de comportamento instintivo das pessoas, explica o professor Décio Fábio de Oliveira Júnior.

São ordens básicas do amor:

- ✓ O pertencimento: todos na família têm o direito de pertencer.
- ✓ A hierarquia: quem vem primeiro, quem são os grandes.
- ✓ O equilíbrio entre o dar e o receber.

Sobre as leis, Hellinger escreveu:

> E de acordo com a Lei do Pertencimento, todos que um dia fizeram parte têm o direito de pertencer. Quando acontece alguma exclusão de algum membro de um sistema familiar, um dia, alguém, inconsciente, e por amor a esse que foi excluído, vai apresentar comportamentos para que essa pessoa excluída seja incluída no sistema.

Pela Ordem de Hierarquia:

> Depende de quem chegou primeiro de acordo com o tempo, ou à sequência cronológica, num sistema. Desse modo, identificamos quem é o primeiro, o segundo, o terceiro e assim sucessivamente.

e pelo Princípio do Equilíbrio:

> O equilíbrio entre o dar e o receber é a condição indispensável para um relacionamento bem-sucedido. Entretanto, deve-se levar em consideração que nem todos podem dar tudo, e que também nem todos podem receber tudo. Cada um está limitado naquilo que pode dar e naquilo que pode receber. Com isso, é colocado, de antemão, um limite ao dar e ao receber. Em um relacionamento bem-sucedido, também é preciso que se dê somente tanto quanto o outro possa receber e que se deseje e receba somente o tanto que o outro possa dar.

Dessa forma, quando existem as exclusões, as inversões de papéis, ou lugares, e até o desequilíbrio entre o dar e o receber, imediatamente surgem desequilíbrios que podem ser vivenciados por qualquer pessoa da família, mesmo em gerações futuras, mesmo que de forma inconsciente, pois estão registrados no sistema do núcleo familiar.

Citação na prática para maior compreensão

A Alienação Parental no Brasil é disciplinada por meio da Lei Federal nº. 12.318, de 26 de agosto de 2010, sendo que, em seu artigo 2º, temos o seguinte conceito:

> Art. 2º - Considera-se ato de alienação parental a interferência na formação psicológica da criança ou do adolescente promovida ou induzida por um dos genitores, pelos avós ou pelos que tenham a criança ou adolescente sob a sua autoridade, guarda ou vigilância, para que repudie genitor ou que cause prejuízo ao estabelecimento ou à manutenção de vínculos com este.

Avaliando o tema, podemos citar que existem três envolvidos:

- Alienador (que pratica os atos que dificultam a relação saudável com o outro genitor);
- Alienado (pessoa contra quem é praticada a alienação);
- Vítima (criança ou adolescente).

Dessa forma, nos muitos casos, entende-se que a parte que mais sofre ou é a mais fragilizada, inclusive emocionalmente, é a criança ou adolescente, podendo inclusive apresentar sequelas que poderão gerar futuros distúrbios psicológicos, assim como tendência a apresentar sentimentos de raiva e ódio contra o genitor alienado e sua família.

Na visão sistêmica, olhamos para os fatos difíceis e por vezes não resolvidos, pois quando algo acontece e não é completamente processado dentro de um sistema, algo fica emaranhado, dessa forma a situação pode ser revivida até trazer para um movimento de solução. Essa identificação geralmente ocorre de forma inconsciente, o que ocasiona dificuldades para os entes familiares.

O futuro humanizado do direito

Podemos, sob um novo olhar, buscar o entendimento desse pai e dessa mãe geralmente emaranhados nos seus sistemas familiares, o que faz com que os mesmos tenham esse tipo de comportamento, então pergunto: para quem eles estão olhando ou honrando?

Diante do relato, podemos dizer que a teoria e a prática das constelações familiares podem permitir a identificação desses padrões e, assim, restabelecer a ordem e a paz dentro do sistema familiar, possibilitando se conectar com o fluxo da vida.

Quando as partes encontram o seu lugar de pertencimento, sendo reconhecidas e honradas, poderão seguir livres tomando a força do sistema familiar.

Atualmente, muitos conflitos no Judiciário geram custos e sofrimentos para as partes envolvidas, devido aos recursos e manobras processuais ou extraprocessuais que dificultam a execução. Geralmente, originam-se quase sempre numa história de amor e geralmente envolve os filhos. Assim, mesmo depois de julgada a ação, esgotados os recursos e efetivada a sentença, o conflito permanece.

A possibilidade de resolver conflitos, evitando-se uma ação, é um dos recursos possíveis para amenizar e resolver conflitos familiares, e pode-se obter bons resultados na busca de soluções e facilitação das conciliações, tudo a fim de promover a paz e a harmonia aos envolvidos.

As constelações não se limitam somente ao âmbito familiar, hoje muitas organizações usam as constelações sistêmicas nos casos de governança e de sucessão da família empresária. Em nosso dia a dia, transitamos e pertencemos a diversos sistemas.

Como funciona?

Uma questão precisa ser olhada: o que interessa são os FATOS, não os julgamentos acerca disso.

Como constelando: a colocação de um tema ou situação específica gera um movimento interno da parte dos representantes que desvenda e traz à luz uma dinâmica desconhecida, desencadeando (junto ao cliente) um processo de cura.

Como representante: ser escolhido como representante leva à vivência de situações que causam diversas associações e percepções de semelhanças com o sistema da pessoa escolhida, desencadeando um processo de cura;

Como observador: o simples fato de estar presente e observar o trabalho desenvolvido pode desencadear um processo de cura.

A constelação pode ser individual, onde o trabalho é feito em consultório (cliente - terapeuta), e existem várias técnicas para esse tipo de abordagem.

Também pode ser feita em grupo, onde um cliente olha para uma questão específica e representantes atuam como membros dessa dinâmica comportamental. Em algum momento, caso haja, surgem indícios de uma possível solução, que é feita por meio de frases ou movimentos específicos orientados pelo facilitador. O papel do facilitador não é induzir a um "final feliz", é estar disponível e de acordo com o que surge, passo a passo.

O que pode ser constelado?

Algumas sugestões:

- ✓ Família de origem (de onde você veio): relações com os avós, pais e irmãos.

- ✓ Família atual (casamento, filhos): relacionamento conjugal, filhos, abortos e adoção.

- ✓ Relacionamento amoroso: ausência ou relacionamentos amorosos problemáticos. Relacionamento mal resolvido.

- ✓ Trabalho/carreira: eleição da carreira, atividade exercida, reconhecimento profissional.

- ✓ Prosperidade/finanças: altos e baixos financeiros.

- ✓ Habilidade e/ou dificuldade para fazer dinheiro.

- ✓ Emocional: medos injustificados da vida. Maturidade. Depressão e/ou vontade de morrer.

- ✓ Saúde: doenças desenvolvidas sistemicamente em resposta ao ambiente familiar. Vícios como alcoolismo, drogas e cigarros, entre outros.

- ✓ Empresas e organizações: constituição de sociedade; processos de governança e sucessão; planejamento estratégico; lançamento de produtos; resolução de conflitos.

Capítulo 6

Direito sistêmico

Valéria Maria Gimenez Aguilar Rodrigues

No capítulo a seguir, faço uma breve demonstração da evolução do Direito Sistêmico no Brasil, abordo a reforma do Poder Judiciário, Novas Formas de Resolução de Conflitos, bem como os resultados na resolução dos conflitos com a aplicação do direito sistêmico no Judiciário.

Valéria Maria Gimenez Aguilar Rodrigues

Advogada, professora das carreiras de Direito do Trabalho. Pós-graduada em Direito das Relações do Trabalho pela Universidade de Mogi das Cruzes, pós-graduada em Direito Imobiliário pela FMU, pós-graduada em Direito do Trabalho, Processual e Coletivo pela ESA de Mogi das Cruzes, pós-graduanda em Direito de Família, Sucessões e Diversidade pela ESA de Mogi das Cruzes – 2019, cursando extensão em Direito Imobiliário pela ESA de Mogi das Cruzes – 2019. Formação em *Coaching* pelo Instituto IAPerforma – 2019, membro da Comissão de Direito Sistêmico da OAB de Mogi das Cruzes 17ª Subseção – 2018. Palestrante, mãe, filha de Silvio Gimenez Aguilar e de Normélia Fernandes Aguilar.

Contatos
valeriamariaaguilar@hotmail.com
@gimenezaguilaradvocacia

Introdução
I. A reforma do Poder Judiciário

A reforma no Judiciário iniciou-se no País, com a Emenda Constitucional nº 45 de 2004, com a implantação de alguns instrumentos e esforços, empreendidos para a busca da pacificação social. A primeira geração de reformas resultou na instituição do Conselho Nacional de Justiça (CNJ) e do Conselho Nacional do Ministério Público (CNMP), e na criação de novos mecanismos processuais como o mandado de injunção, a cláusula impeditiva de recursos e o princípio da repercussão geral, introduzida em 2004 e implementada por um pacto entre os três poderes.

Em 2010, o Conselho Nacional de Justiça editou a Resolução 125/2010, que dispõe sobre a Política Judiciária Nacional e o tratamento adequado aos conflitos de interesses no âmbito do Poder Judiciário, determinando como incumbência aos órgãos judiciários oferecer mecanismos de soluções de controvérsias, em especial os chamados meios consensuais, como a mediação e a conciliação, inclusive como forma de disseminar a cultura de pacificação social.

O marco legal da Mediação e o novo Código de Processo Civil, sancionado em março de 2015, fazem parte da segunda geração de reformas para desafogar os Tribunais e agilizar a tramitação dos processos.

A mediação e a conciliação podem ser realizadas com a utilização de diversas técnicas, incluindo métodos de negociação e conhecimentos de comunicação não violenta (Rosemberg, 2006).

As técnicas de mediação estão previstas no Manual de Medição publicado pelo Conselho Nacional de Justiça, o qual apresenta soluções apropriadas a resolução de conflitos no âmbito da Justiça, e as técnicas que devem ser aplicadas à mediação e à conciliação, incluindo métodos de negociação, e conhecimento de comunicação não violenta.

II. As novas formas de resolução de conflitos

O § 3º do art. 3º do CPC dispõe sobre os métodos de resolução consensual de conflitos entre as partes, os quais, deverão ser incentivados por juízes, advogados, membros do Ministério Público etc., conforme descrito a seguir:

> Art. 3º, § 3º CPC[1]:
> • Não se excluirá da apreciação jurisdicional ameaça ou lesão a direito.
> • § 1º É permitida a arbitragem, na forma da lei.
> • § 2º O Estado promoverá, sempre que possível, a solução consensual dos conflitos.
> • § 3º A conciliação, a mediação e outros métodos de solução consensual de conflitos deverão ser estimulados por juízes, advogados, defensores públicos e membros do Ministério Público, inclusive no curso do processo judicial.

A conciliação no âmbito judicial se encontra instituída na legislação brasileira há muitos anos, é aplicada nas causas cíveis em geral e, com maior ênfase, naquelas relativas à vara de família e nas de menor complexidade, sujeitas ao rito previsto na Lei nº 9.099/95; também para o tratamento relativo aos crimes de menor potencial ofensivo, a mesma lei prevê a composição civil dos danos como forma de resolver conflitos evitando-se a instauração de uma ação penal.

Infelizmente, o índice de rejudicialização (ajuizamento de novos processos entre as mesmas partes, quando o término do processo anterior – por meio consensual ou não – foi insuficiente para harmonizar o relacionamento entre as partes) ainda é alto; também na área criminal e na de infância e juventude, são elevados os índices de reincidência e a reiteração de questões conflituosas envolvendo as mesmas pessoas, famílias e comunidades.

Considerando esse contexto, e a demora de uma instrução processual, reconhece-se que o processo judicial tradicional já não é suficiente para que o Judiciário cumpra sua missão de resolver as demandas que se lhe apresentam.

Outros métodos, dessa forma, que ofereçam a possibilidade de tratamento dos conflitos de forma mais adequada, são exigidos, portanto.

---

1 Negrão, Theotônio, Código de Processo Civil, Anotações à Lei 13.105 de 16.03.2015, 47ª Edição Atualizada, 2016, Saraiva.

A legislação permite e incentiva os chamados métodos adequados de solução de conflitos (MASCs), prevendo expressamente a mediação, a arbitragem e outros (art. 3º, §§ 2º e 3º), e o CNJ estabelece, como incumbência dos órgãos judiciários, oferecer mecanismos de soluções de controvérsias, em especial os chamados meios consensuais, inclusive como forma de disseminar a cultura de pacificação social (Resolução nº 125/2010).

Além disso, a crise em que chegou à Justiça recentemente gerou, como efeito positivo, uma maior abertura para abordagens transdisciplinares, inovadoras e sistêmicas, desapegadas do legalismo estrito e das funções tradicionalmente reservadas ao magistrado.

Nesse sentido, o CNJ editou a Resolução Nº 225 de 31/05/2016, instituindo a Justiça Restaurativa, a qual cada vez mais juízes vêm se dedicando.

Nesse cenário é que os tribunais brasileiros vêm acolhendo e disseminando de forma exponencial as práticas de constelações familiares e de direito sistêmico, sendo que as primeiras experiências com palestras vivenciais, iniciadas na Bahia em outubro de 2012, com o Juiz de Direito Sami Storch, as quais, começaram a mostrar impactos profundos e emocionantes, não só em relação às partes nos processos, mas também na postura e na vida de advogados, servidores e suas famílias.

III. Por que estudar Direito Sistêmico?

> Desponta no horizonte um novo paradigma, o Direito Sistêmico, com estreita comunicação com a psicoterapia de mesmo nome, cuja principal característica é a visão do indivíduo não de forma isolada, mas sim inserido em diversos sistemas, sendo o primeiro e mais importante a família, bem como suas relações e interações.
>
> (Ana Carolina Carpes Madaleno)

O Direito Sistêmico não é mais uma disciplina do direito, como Direito Civil ou Direito Penal. É simplesmente uma releitura de todo o direito já desenvolvido sob a ótica da filosofia Hellingeriana.

É uma nova forma de olhar para demandas judiciais por meio terapêutico e humanizado, utilizando das técnicas e métodos fenomenológicos, que permitem uma dinâmica prática invisível, que

O futuro humanizado do direito

vincula os comportamentos de todos envolvidos no caso, revelando as realidades não visíveis do litígio, com o cunho de solucionar o conflito de forma mais harmoniosa e satisfatória para as partes.

O precursor e criador da expressão "Direito Sistêmico", o juiz Sami Storch, declara que:

> O termo surgiu da análise do direito sob uma ótica baseada nas ordens superiores que regem as relações humanas, segundo a ciência das 'constelações sistêmicas' desenvolvida pelo terapeuta e filósofo alemão Bert Hellinger.

Com estreita comunicação entre o Direito e a técnica terapêutica breve das Constelações Sistêmicas Familiares, criada pelo filósofo, teólogo e pedagogo Bert Hellinger – que uniu ainda à sua história de vida também formações em psicanálise, terapia familiar, dinâmica de grupos entre outros – o Direito Sistêmico busca soluções rápidas e duradouras para as questões emocionais que não são resolvidas juridicamente, mas que impedem o bom andamento processual.

Ao longo de toda sua vida, Bert Hellinger – falecido em 19 de setembro de 2019 – sempre observou os comportamentos humanos e após anos de estudos e vivências em grupos percebeu que as questões psicológicas dos seres humanos são de duas ordens, ou sistêmicas – provenientes da família ou biográficas – relacionadas às suas questões particulares, como uma culpa pessoal ou um trauma, mas que ambas são sentidas diretamente pelo indivíduo como sendo próprias suas, sendo as questões sistêmicas quase uma unanimidade, influenciando, inclusive, aquilo que se imagina ser biográfico.

Essa visão sistêmica vai muito além dos princípios básicos da psicologia, que vê o desenvolvimento biográfico como a causa principal das perturbações e doenças do ser humano. Amparado na Teoria dos Sistemas – apresentada por Ludwig Von Bertalanffy em 1937, que buscava nas leis dos sistemas naturais as regras de funcionamento para os demais, dando origem a uma visão sistêmica da vida onde só é possível entender os fenômenos dentro de um contexto relacional e dentro de um todo maior.

Sendo que por sistemas também se entende o conjunto de elementos interconectados, de modo a formar um todo organizado.

Essas dinâmicas ocultas são regidas por leis sistêmicas, que Bert Hellinger denomina de "ordens do amor". São três leis básicas: direito ao pertencimento, ordem de precedência e equilíbrio entre dar e receber.

A primeira dessas ordens é a hierarquia, de modo que os mais velhos ou primeiros têm preferência em relação aos últimos e mais novos e cada um tem seu papel e lugar específicos no sistema, sendo assim, a ausência de definição desses papéis ou mesmo a troca de lugares gera inúmeros desconfortos, exemplos disso são um filho se colocar em uma posição de superioridade em relação aos pais ou como é comum nas separações o menino ser colocado no posto de homem da casa, este é um fardo pesado demais para a criança, mesmo que de maneira velada ou inconsciente e trará prejuízos posteriores.

Essas simples ações causam os chamados emaranhamentos familiares e, com eles, uma série de distúrbios que podem variar de brigas e problemas de relacionamentos a separações traumáticas ou famílias desfeitas em virtude de uma herança, citando apenas as mais relevantes ao Direito Sistêmico de Família.

Outra ordem ou lei percebida por Bert Hellinger é o profundo desejo por pertencimento, fator inato de todo ser humano, que, sem saber, luta com todas suas forças para pertencer a um grupo, uma espécie de sentimento de clã. Para permanecer em sua família de origem, o ser humano repete, ainda que afirme ou busque o contrário, os mesmos padrões familiares, por piores que sejam, pelo simples fato de que sendo igual ele se sente pertencente. Quando um membro é excluído de um sistema, as consequências são graves e esta é uma ordem quebrada com facilidade nos casos de alienação parental, onde um cônjuge é rejeitado pelo outro, nesse caso, as crianças por necessitarem desse pertencimento de ambos os pais sofrem uma grande crise de lealdade, além de sentirem essa rejeição como algo pessoal, entre outros diversos sintomas.

A terceira e última lei refere-se ao equilíbrio, em linhas gerais, relações onde não há o equilíbrio entre o que se dá e o que se recebe tendem ao fracasso. Sendo assim, as Constelações Familiares, que possuem uma visão essencialmente sistêmica, trazem à tona as verdadeiras causas dos conflitos juntamente com a tomada de responsabilidade e a consequente solução. Essa técnica, atrelada ao Direito de Família, busca amenizar as dores, os rancores e mágoas que permeiam as lides familiares, além de demonstrar a verdadeira raiz dos conflitos, sejam de ordem familiar ou sucessória que permeiam os incontáveis e morosos processos existentes no Judiciário brasileiro.

O direito sistêmico, portanto, vê as partes em conflito como membros de um mesmo sistema, ao mesmo tempo em que vê

O futuro humanizado do direito

cada uma delas vinculada a outros sistemas dos quais simultaneamente fazem parte (família, categoria profissional, etnia, religião etc.) e busca encontrar a solução que, considerando todo esse contexto, traga maior equilíbrio e paz a todo sistema.

No Direito Sistêmico não há parte vitoriosa ou derrotada, pois ambas as partes ganham com a pacificação do conflito, sendo responsáveis pelo litígio, cada uma reconhece o seu movimento e suporta a sua parcela de responsabilidade.

> O direito sistêmico é uma nova forma de olhar o conflito, pela qual só há direito quando a solução traz paz e equilíbrio para todo o sistema, pois o desequilíbrio de qualquer pessoa do sistema se reflete em todos do sistema, de maneira que não existe uma solução para apenas um elemento isolado[2].

Os conhecimentos das causas invisíveis que geraram os desentendimentos podem levar o sistema "paz e equilíbrio para os sistemas envolvidos, de modo que, uma vez assim solucionados, não voltem ao Judiciário, gerando, assim, economia para o Estado" e desafogamento da máquina judiciária (Vieira, 2018, p. 55).

Para Amilton De Placido Rosa,

> o Direito Sistêmico é, antes de tudo, uma postura. É uma nova forma de viver e de se fazer Justiça, buscando o equilíbrio entre o dar e o receber, de modo a trazer paz para os envolvidos em um conflito.

Considerando as máximas pontuadas, cumpre ressaltar que o Direito Sistêmico não é uma simples técnica metodológica de solucionar um conflito, é, sim, uma nova forma de olhar as leis vigentes sob uma perspectiva sistêmica.

Não se trata de compreender a lei por si só, mas compreender, por uma visão humanizada, qual o real motivo que envolveu as partes até ali. É uma compreensão do litígio além das marcas processuais, além do tempo do conflito. É uma compreensão do sistema envolvido com respeito.

---

2 STORCH, Sami. O direito sistêmico. Disponível em: <https://direitosistemico.wordpress.com/>.

IV. Os resultados

O Direito Sistêmico é uma aplicação pioneira do juiz brasileiro Sami Storch com base nas Constelações Familiares e Sistêmicas de Bert Hellinger.

Em sua comarca no interior da Bahia, o juiz começou a aplicar a ferramenta da Constelação na fase conciliatória e alcançou mais de 90% de reversões dos processos judiciais nos processos em que a ferramenta foi utilizada.

Na Vara de Família, as primeiras estatísticas mostraram soluções conciliatórias em índices superiores a 90% dos processos e as experiências mais recentes, em outras comarcas pelo Brasil, obtiveram resultados semelhantes.

Em casos de adolescentes envolvidos em atos infracionais, o índice de reincidência após um ano foi inferior a 15% – muito menor que o normalmente obtido com a mera aplicação de medidas socioeducativas tradicionais.

Na Comarca de Mogi das Cruzes/SP, as técnicas de resolução de conflitos, por meio de palestras e utilização das constelações familiares são realizadas pela 1ª Vara da Família e Sucessões, a qual mensalmente convida as partes e advogados, para participarem de uma palestra, com auxílio de profissionais qualificados – consteladores, que esclarecem sobre a importância da pacificação social, de uma mudança de postura entre os membros da família, o respeito ao papel de cada um na relação, buscando a paz social.

No ano de 2016, foi aberta a primeira Pós-Graduação de Direito Sistêmico do mundo, pela Faculdade Innovare/Hellinger Schule, onde diversos profissionais de diferentes lugares do Brasil estão se capacitando para instituir essa novidade.

"Uma Justiça que preza pelo humanismo": é assim que o juiz Yulli Roter, da Vara Cível de Família e Sucessões da comarca de União dos Palmares, que fica a cerca de uma hora e meia de Maceió, define o uso da constelação familiar no Poder Judiciário.

Ao profissional dedicado ao direito sistêmico, fundamental é que se tenha internalizado em sua própria vida, alma e postura as ordens sistêmicas descobertas por Hellinger e que promovem a paz nos sistemas. É esta a alma do direito sistêmico.

V. Comissões de Direito Sistêmico-OAB

Em abril de 2017 foi formada a primeira Comissão de Direito Sistêmico da OAB, no Estado de Santa Catarina – Presidente Doutora Eunice Schlieck, hoje, em nosso País, já foram formadas, 101 Comissões até 15 de julho de 2019, as comissões são resultado da necessidade dos advogados de informação e estudo visando aprofundar o entendimento da nova realidade do direito.

VI. O Direito Sistêmico em Portugal

Portugal, também, desde o ano de 2017, vem utilizando a filosofia de Bert Hellinger no direito, nos Tribunais e processos.

Em Outubro de 2018, foi organizado o I Encontro de Direito Sistêmico e Constelações Familiares, na Faculdade de Direito de Lisboa pela Revista Luso Brasileira de Alienação Parental.

No I Encontro foi demonstrado que o uso das constelações familiares já é uma realidade nos Tribunais portugueses, tendo sido o Juízo de Família e Menores de Mafra do Tribunal Judicial da Comarca de Lisboa Oeste, o primeiro a implementar, por meio do Magistrado Dr. Joaquim Manuel Silva e da Psicóloga e Psicoterapeuta Doutora Leonor Monteiro, a primeira consteladora de Tribunal no País.

Considerando os resultados positivos nos casos trabalhados em Mafra, outros Tribunais e Magistrados aderiram ao uso, os Juízes de Direito, Dr. António Fialho e Dr. Vítor Pedro Nunes, do Juízo de Família e Menores do Barreiro, a Doutora Ana Chambel, Juíza Coordenadora dos Tribunais do Barreiro, Moita e Montijo.

No ano passado, 2019, em 18 e 19 de Outubro, na Universidade de Lisboa ocorreu o I Congresso Internacional de Constelações Familiares, na Universidade Católica de Lisboa, onde esses magistrados, magistrados e advogados brasileiros, se reuniram para partilhar informações e estudo sobre a utilização da Constelação Familiar no direito sistêmico, como uma porta para aplicação da justiça adequada aos cidadãos.

VII. Mapa do Direito Sistêmico no Brasil

Portal CNJ: "CONSTELAÇÃO FAMILIAR" AJUDA A HUMANIZAR PRÁTICAS DE CONCILIAÇÃO NO JUDICIÁRIO

Valéria Maria Gimenez Aguilar Rodrigues

Pelo menos 16 estados (Goiás, São Paulo, Rondônia, Bahia, Mato Grosso, Mato Grosso do Sul, Pará, Paraná, Rio Grande do Sul, Alagoas e Amapá, Minas Gerais, entre outros) e o Distrito Federal já utilizam a dinâmica da "Constelação Familiar" para ajudar a solucionar conflitos na Justiça brasileira. A medida está em conformidade com a Resolução CNJ n. 125/2010 do Conselho Nacional de Justiça (CNJ), que estimula práticas que proporcionam tratamento adequado dos conflitos de interesse do Poder Judiciário. A técnica vem sendo utilizada como reforço antes das tentativas de conciliação em vários estados.

Fonte: https://animamediacao.com.br.

Referências

ANIMA. *Mapa do Direito Sistêmico no Brasil.* Disponível em: <https://animamediacao.com.br/2017/07/13/direito-sistemico-no-judiciario-de-mato-grosso/>. Acesso em: 14 de mai. de 2020.

CNJ, *Manual de Mediação Judicial*, 2016, 6. ed., Atualizado de acordo com a Lei 13.140/15 (Lei da Mediação); Lei nº 13,105/15 (Novo Código de Processo Civil); Resolução nº 125/2010. Disponível em: <https://www.cnj.jus.br/wp-content/uploads/2015/06/f247f-5ce60df2774c59d6e2dddbfec54.pdf>. Acesso em: 13 de mai. de 2020.

CORDEIRO, Fernando Catellan e DA COSTA, Nídia Brito. *A expansão do Direito Sistêmico de Brasil a Portugal*, 2019, Movimento Sistêmico. Disponível em: < https://www.movimentosistemico.com/post/a-expans%C3%A3o-do-direito-sist%C3%A-9mico-do-brasil-a-portugal>. Acesso em: 13 de mai. de 2020.

GUEDES, Olinda. *Além do aparente: um livro sobre constelações familiares*, Appris, Curitiba, 2015.

HELLINGER, Bert. *O reconhecimento das Ordens do Amor: um guia para o trabalho com constelações familiares*. São Paulo: Cultrix, 2007.

IBDFAM. Constelação pacífica conflitos de família no judiciário, 2018. Disponível em: <http://www.ibdfam.org.br/noticias/na-midia/16382/Constela%C3%A7%C3%A3o+pacifica+conflitos+de+fam%C3%ADlia+no+Judici%C3%A1rio>. Acesso em: 13 de mai. de 2020.

LIPPMANN, Márcia Sarubbi. *Direito sistêmico a serviço da cultura de paz*, Joinville SC, Manuscritos Editora, 2019.

MADALENO, Rolf e MADALENO, Ana Carolina Carpes. *Síndrome da Alienação Parental*: importância da detecção. Aspectos legais e processuais. 3.ed. Rio de Janeiro: Gen-Forense, 2015.

NEGRÃO, Theotônio. *Novo Código de Processo Civil*, Saraiva, 2016.

STORCH, Sami. *O que é o Direito Sistêmico?*, 2010. Disponível em: <https://direito-sistemico.wordpress.com/2010/11/29/o-que-e-direito-sistemico/>. Acesso em: 13 de mai. de 2020.

VALLS, Mayte Rodriguez. *Temas essenciais do Direito Sistêmico* (relato do III Congresso Nacional de Direito Sistêmico). Disponível em: <https://www.baulsistemicojuridico.com/post/iii-congreso-derecho-sist%C3%A9mico-oab-alagoas-maceio-6-y-7-mayo-2019>. Acesso em: 13 de mai. de 2020.

VIEIRA, Adhara Campos. *A constelação Sistêmica no Judiciário*. Belo Horizonte: D'Plácido, 2019.

Capítulo 7

Práticas em um escritório de advocacia sistêmico

Carla Alessandra Branca & Carla Patricia Calderaro

Você sabia que a boa atuação do advogado vai muito além da correta interpretação e aplicação de normas jurídicas? É certo que todos os advogados precisam e têm que possuir um sólido conhecimento de todo o ordenamento jurídico, porém só isso não garante o sucesso de uma demanda. Para que haja uma prestação de serviço de qualidade e a satisfação das partes, há a necessidade da humanização da advocacia.

Carla Alessandra Branca

Advogada, sócia do escritório Calderaro e Branca, Mestre em Políticas Públicas e especialista em Processo Civil, Gestão Educacional, em Direito e Processo do Trabalho; vice-presidente da Comissão de Direito Sistêmico da OAB de Mogi das Cruzes; Conciliadora e Mediadora formada pelo CEBEPJ, *Coach* formada pelo IAPerforma. Advogada Sistêmica formada pela Gestão da Advocacia Sistêmica – GDAS.

Carla Patricia Calderaro

Advogada, especialista em Direito e Processo do Trabalho; sócia do escritório Calderaro e Branca Advocacia. Presidente da Primeira Comissão de Direito Sistêmico da Subseção da OAB de Mogi das Cruzes/SP é Conciliadora e Mediadora formada pelo CEBEPJ; formada em Gestão e Advocacia Sistêmica pela GDAS e *Coach* pelo IAPerforma. Pós-graduanda em Direito Processual Civil Aplicado Com Qualificação para o Ensino Superior pela ESA Mogi das Cruzes-2020. É filha de João Carlos e Valdira Calderaro.

Contatos

Carla Alessandra Branca
carlabrs@hotmail.com
Facebook: @calderaroebrancaadvocacia

Carla Patricia Calderaro
carlapcalderaro@hotmail.com
contato@calderaroebrancaadvocacia.com.br
https://calderaroebrancaadvocacia.com.br/

> (...) Mais difícil do que escrever ficção é, certamente, escrever sobre a realidade. Mais difícil do que inventar é, na certa, lembrar, juntar, relacionar, interpretar-se. Explicar-se é mais difícil do que ser. E escrever é sempre um ato de existência. Quando se escreve conta-se o que se é. Parece que se inventa, mas não: vive-se. Parece que se cria, mas na verdade aproveita-se a história como que está pronta dentro da gente.(...) A história é mais real do que qualquer explicação. (...)
>
> Ruth Rocha, 1983

Quando iniciamos a ideia de montar o escritório Calderaro e Branca Advocacia na cidade de Mogi das Cruzes, em abril de 2011, já tínhamos em mente uma advocacia preventiva e colaborativa, e juntas iniciamos uma advocacia diferenciada, onde sempre atendemos nossos clientes sem a formalidade de outros escritórios, de uma maneira mais leve e harmoniosa.

Esse atendimento diferenciado vinha porque tínhamos em mente que a advocacia não existe com a finalidade de litígio e brigas intermináveis; sim, somos combatentes quando há a necessidade, mas fugimos de um mau combate sempre que possível e não achamos que a solução de um conflito esteja ligada ao ajuizamento de uma ação, mas, sim, por meio de um tratamento adequado desses conflitos.

Percebemos em nosso escritório que as demandas extrajudiciais atingiam em média um patamar de 80% de nossos clientes. Só provocamos o judiciário quando não há alternativa ou simplesmente para homologar acordos já realizados como, por exemplo, em ações de família, quando envolve menores de idade, onde a homologação judicial é necessária.

Portanto, podemos dizer que sempre fomos advogadas *"peacemakers"*, como dizia Abraham Lincoln, "advogado é pacificador, mediador, colaborativo, cooperativo e compassivo, evitando que as disputas cheguem até os tribunais".

O futuro humanizado do direito

E, dessa forma, fomos trilhando um caminho sem volta, quando em abril de 2018, participamos de um congresso de família e ação social promovido pela OAB/SP e lá conhecemos o Direito Sistêmico, em uma palestra proferida pela magistrada Vanessa Aufiero da Rocha, Juíza de Direito Titular da 2ª Vara da Família e Sucessões da Comarca de São Vicente, coordenadora do Centro Judiciário de Solução de Conflitos e Cidadania de São Vicente.

E, desde então, descobrimos que nossa maneira de advogar tinha muita afinidade com a Advocacia Sistêmica, e assim partimos para o estudo do Direito Sistêmico e mergulhamos em leituras de livros sobre o assunto, participamos do primeiro congresso nacional de Direito Sistêmico, em Florianópolis (SC), em julho de 2018, promovido pela advogada Eunice Schlieck, presidente da primeira Comissão de Direito Sistêmico do Brasil, na OAB de Santa Catarina, bem como precursora do movimento que tomou todo o país, os tribunais e agora os bancos acadêmicos.

Embasadas no exemplo vindo do sul do Brasil, formamos a primeira Comissão de Direito Sistêmico da OAB em Mogi das Cruzes, sendo a primeira também do Alto Tiete, onde atuamos na Presidência e Vice-Presidência. Por consequência, promovemos eventos ligados ao Direito Sistêmico, bem como fizemos diversos cursos sobre Direito Sistêmico e Advocacia Sistêmica, sendo que já possuímos certificação de Advocacia Sistêmica, assim como o escritório, e não paramos mais de atuar com essa visão sistêmica.

E não foi só isso, optamos por uma alteração na estrutura física de nosso escritório, onde reformamos nossa sala de atendimento, facilitando, assim, termos um atendimento mais próximo dos nossos clientes.

Agora que fizemos essa pequena introdução, você deve estar se perguntando como é advogar utilizando práticas sistêmicas? O que seria Advocacia Sistêmica?

Antes de iniciar, gostaríamos de convidar você a reler neste livro, nos capítulos que nos antecedem, as leis de Bert Hellinger, bem como sobre o Direito Sistêmico criado pelo Juiz de Direito Sami Storch, pois são os princípios norteadores do Direito Sistêmico.

Por ser um assunto relativamente novo na doutrina brasileira, há alguns estudiosos que ora citam Constelações, Pensamento Sistêmico, como Carvalho (2018), que ressalta que a Advocacia Sistêmica não é Constelação Familiar, não é apresentar técnicas como *Coaching*, psicologia, terapia, mas, sim, é um modo de exercer uma advocacia diferenciada da tradicional por meio de um pensamento sistêmico que é o contrário do pensamento cartesiano que costumamos aprender nos bancos das faculdades. Mas o que seria pensamento cartesiano?

Cartesiano é um adjetivo referente a Descartes, filósofo, físico e matemático francês, "considerado o pai da filosofia moderna", cujo nome latino era Cartesius, que deu nome ao pensamento cartesiano. O racionalismo cartesiano é um pensamento estabelecido por Descartes em suas obras o Discurso do método (1637) e Meditações metafísicas (1641), onde expressa sua preocupação com o problema do conhecimento.

Como já mencionado em outro artigo, o método cartesiano é baseado na dedução pura, consiste em começar com verdades ou axiomas simples e evidentes por si mesmos, e depois raciocinar com base neles, até chegar a conclusões particulares, estamos aqui reforçando a informação.

Agora que relembrou o que vem a ser pensamento cartesiano (já explicado neste livro), podemos voltar a falar da Advocacia Sistêmica e do pensamento sistêmico.

Você sabia que a Advocacia Sistêmica nada mais é do que o exercício da advocacia sob o paradigma do Pensamento Sistêmico, já abordado neste livro, no capítulo Pensamento Sistêmico (vale a pena a releitura), e seu objetivo é incluir o atendimento humanizado, olhando para a parte que está na sua frente. Pois quando um cliente nos procura e começa a contar seu "problema", imediatamente ligamos o piloto automático e começamos a pensar em uma solução para esse problema (pensamento cartesiano), qual a medida mais rápida, qual ação judicial; quanto vai custar, contudo esquecemos o principal, que é ouvir o cliente, dando a atenção que lhe é devida, para só depois pensar e facilitar para que o cliente chegue a uma resolução satisfatória do conflito.

Mas onde está o embasamento jurídico para a Advocacia Sistêmica?

Há em todo nosso ordenamento jurídico embasamento para exercemos uma advocacia mais humanizada e sistêmica, assim vejamos.

Precisamos olhar para a Resolução nº 125 do CNJ, em seus artigos 1º; 6º, incisos IV e VI, assim vejamos:

> Art. 1º Fica instituída a Política Judiciária Nacional de tratamento dos conflitos de interesses, tendente a assegurar a todos o direito à solução dos conflitos por meios adequados à sua natureza e peculiaridade.
> ...
> Art. 6º Para desenvolvimento dessa rede, caberá ao CNJ:

O futuro humanizado do direito

> IV - regulamentar, em código de ética, a atuação dos conciliadores, mediadores e demais facilitadores da solução consensual de controvérsias;
> VI - estabelecer interlocução com a Ordem dos Advogados do Brasil, Defensorias Públicas, Procuradorias e Ministério Público, estimulando sua participação nos Centros Judiciários de Solução de Conflitos e Cidadania e valorizando a atuação na prevenção dos litígios.
> Para a Constituição Federal em seu artigo:
> Art. 4º A República Federativa do Brasil rege-se nas suas relações internacionais pelos seguintes princípios:
> .....
> VII - solução pacífica dos conflitos;
> .....

para o Código de Processo Civil, em seu artigo 3º:

> Art. 3º Não se excluirá da apreciação jurisdicional ameaça ou lesão a direito.
> § 3º A conciliação, a mediação e outros métodos de solução consensual de conflitos deverão ser estimulados por juízes, advogados, defensores públicos e membros do Ministério Público, inclusive no curso do processo judicial.

Ainda podemos citar a Lei 9.099/95 (Lei dos Juizados Especiais); a Lei Federal 13.140/2015 (Lei da Mediação), artigos 2º e 3º, além do Código de Ética e Disciplina OAB em seus artigos 2º e 11º, os quais ressaltam que o advogado é indispensável à administração da Justiça. Sendo esses alguns dos embasamentos, mas há outros.

Destarte, diante de tanta quebra de paradigma e por meio da visão de Bert, quando o advogado olha para seu cliente e todo o seu sistema, ele se coloca por último, tomando consciência de que irá facilitar as relações que envolvem as partes, fazendo com que o cliente tenha autonomia de vontade e chegue por conta própria a uma solução.

Advogamos de modo a facilitar o entendimento do cliente, ampliando sua visão diante do conflito, que é dele e não nosso, possibilitando uma maneira mais humanizada.

Agora que abordamos brevemente Advocacia Sistêmica, que já está presente em nossos tribunais, vamos falar um pouco do papel do advogado sistêmico.

O advogado sistêmico é um facilitador do seu cliente; ele tem como principal papel, além de apresentar as possibilidades jurídicas, ampliar a consciência de seu cliente diante do conflito, ampliando sua visão diante de todo o seu sistema.

Advogado sistêmico não é terapeuta, mediador, conciliador ou consterlador; ele até pode exercer esses papéis em algumas ocasiões, veja que falamos que ele até pode, pois por meio de técnicas aprendidas com a Conciliação, Constelação ou até mesmo o *Coaching* (técnicas que já foram explicadas no decorrer dos capítulos deste livro), ele terá mais conhecimento para poder exercer a função de facilitador, mas continuará exercendo a Advocacia.

Com tais técnicas, ele está aprimorando competências transversais, como flexibilidade, inteligência emocional, comunicação eficaz, Pensamento Sistêmico e planejamento, entre outros conhecimentos, que hoje são absorvidos pela Advocacia.

Com todas essas informações, como atendemos nossos clientes? Como seria um escritório com atendimento sistêmico?

O escritório com atendimento sistêmico tem a mesma estrutura de um escritório de advocacia, já que é um escritório padrão, porém o nosso tem uma sala sem a formalidade dos grandes escritórios, todavia com um ambiente totalmente seguro e harmônico.

Quando um cliente chega até o escritório, fazemos a ficha de cliente para que ele se sinta à vontade e confie em nosso atendimento, para contar tudo que acha necessário e depois começarmos a usar técnicas, por meio de questionamentos, para extrair dados relevantes sobre o conflito apresentado.

Podemos dizer que quase todo cliente que procura um advogado e tem um litígio possui um dos quatro perfis que extraímos do livro de Carvalho (p.56), onde ela cita "Fours Fs", nós concordamos com esse modelo de comportamento, adaptamos esses perfis e renomeamos de "Quatro Cs".

1- Cliente **C**ólera: aquele que chega com raiva, irritado, pegando fogo, querendo brigar;

2- Cliente **C**ovarde: aquele que está de acordo, acuado, com medo, querendo fugir da questão.

3- Cliente **C**ongelado: estagnado, aquele que não acha solução alguma;

4- Cliente **C**onformado: aquele obediente, submisso, prefere nem olhar para a questão.

O futuro humanizado do direito

Se empregarmos os perfis citados, nós, enquanto advogados facilitadores, conseguiremos reconhecer o cliente, respeitar o momento em que se encontra e observar se ele está aberto a um atendimento mais humanizado ou não, e tudo isso sem fazer qualquer julgamento, apenas notando seu comportamento.

Esse seria o primeiro contato, o físico, onde aproveitamos para fazer o enquadramento, ou seja, pontuar com o cliente como o processo vai se desenrolar e suas fases, suas possibilidades e, ao mesmo tempo, mostramos muitas vezes como uma conciliação/mediação seria satisfatória, porém tudo dependerá da vontade do cliente. Por meio de métodos, técnicas e ferramentas que permitem uma comunicação eficaz com o cliente, olhando todo o contexto em que as partes estão inseridas, não focando apenas na demanda.

Como nós só temos um capítulo para contar nossa profunda experiência com a prática sistêmica, vamos relatar três casos práticos que atendemos em nosso escritório, uma vez que entendemos que relatar a prática muitas vezes é mais valioso do que a teoria.

Casos práticos

1º caso: recentemente, nos procurou um reclamante para fazer uma reclamação trabalhista, na qual ele relatava que o seu empregador devia, entre outros pontos, horas extras e adicionais noturnos, além de assédio moral.

Após elaborarmos a ficha de atendimento, a abertura para que o reclamante detalhasse o tempo em que laborou para a empresa, utilizamos diversas técnicas já citadas neste capítulo e foi possível para o reclamante perceber que quando chegou estava revoltado com a empresa, sentindo-se injustiçado, percebendo que queria na verdade ser reconhecido. Almejava que seu antigo patrão reconhecesse todos os préstimos oferecidos e simplesmente lhe falasse um "obrigado".

Na verdade, pelo desenrolar da conversa, foi possível perceber que esse reconhecimento ele também queria de seu pai, que sempre o subestimou, mesmo sendo o filho mais velho, porém o irmão mais novo, por ter uma profissão renomada, sempre foi na visão dele motivo de mais orgulho ao pai.

Assim sendo, o cliente verificou que o direito que tinha era o referente a horas extras, dentre outros, mas em relação ao assédio moral, talvez não coubesse o caso e, desse modo, o processo ficou bem mais fácil e leve de ser conduzido.

Para essa atuação, nós advogados precisamos estar presentes em todo atendimento, não só fisicamente, mas estar atentos, verdadeiramente ouvindo o que o cliente está falando, fazendo o questionamento correto, mostrando as possibilidades jurídicas e promovendo que o cliente tenha autonomia e assuma o papel de protagonista da causa.

2º caso: ano passado fomos procuradas por uma cliente que pretendia rever o valor dos alimentos que eram pagos a sua filha de 16 anos de idade. Pretendia um aumento significativo, pois a adolescente estava com sérios problemas psicológicos e necessitava de ajuda médica, dentre outros, já que o pai não a visitava, nem ao menos ligava para sua filha e, assim, as despesas aumentaram. Tentamos algumas vezes e de forma sutil aplicar um atendimento humanizado, porém encontramos resistência. A genitora já conhecia a Constelação Familiar e não era muito adepta, assim respeitamos e seguimos com o litígio, que se prolongou até mesmo com exigências legais que não cabiam, como indeferimento da Justiça gratuita, o que não era o caso, e após recurso foi revertido; enfim, toda aquela morosidade que nós, enquanto advogados, conhecemos.

Após diversos fatores como: conflitos, audiência de mediação infrutífera, telefonemas nos mais variados horários e dias, discussões entre as partes, onde até o advogado da parte contrária assumiu o papel de parte em vez de manter-se como facilitador, ocorreu um sério acidente com a adolescente que quase faleceu.

Posteriormente, em mais uma tentativa de conciliação e já no aguardo da sentença, que estava para ser prolatada, agendamos uma conversa com a genitora, que conseguiu enxergar todo o conflito do sistema, e o grande litígio ficou pequeno perante a nova visão.

O que possibilitou uma conciliação, porém, o mais importante não foi o acordo, mas sim a atitude, pela qual nossa cliente, que não permitia o acesso do pai à filha, conseguiu permitir que ela até ficasse com seu pai, de forma alternada. Ou seja, foi necessário o litígio para que o sistema familiar se recompusesse.

Interessante informar que, nesse caso, a genitora e nossa cliente tentava excluir o genitor do sistema familiar, assim havia nitidamente desrespeitado uma das ordens que Bert Hellinger nos ensina (já explicado nos capítulos anteriores deste livro), qual seja: pertencimento, onde todos têm o direito de pertencer, todos fazem parte de um sistema, jamais podendo ser excluídos.

Quando isso acontece há um desequilíbrio no sistema, pois já que a filha está ligada ao pai e vai tentar de toda maneira incluí-lo no sistema novamente; toda criança ama seus pais.

3º caso: em outra ação trabalhista onde nosso escritório atuou

O futuro humanizado do direito

pela empresa reclamada, tratava-se de um caso emblemático, onde o reclamante era irmão do sócio proprietário da empresa.

Nossa orientação, desde o momento da propositura da ação foi facilitar, tentando encontrar uma forma de pacificar o conflito, buscando um acordo extrajudicial, mas o empresário se recusara, alegando que seu irmão fez tudo de caso pensado por "vingança", mas que jamais venceria o processo e da empresa dele, em suas palavras "não levaria nem um centavo", já que o irmão se encontrava desempregado e o reclamado, por ser empresário bem-sucedido ofereceu uma oportunidade na empresa, ajudando-o em um momento de necessidade, oportunidade esta que, segundo seu relato, o irmão achava "pouco" e estava "aquém" de suas habilidades, além de não desempenhar a função de forma satisfatória, cometendo erros, deslizes e sem qualquer comprometimento com a empresa.

Como patronas sistêmicas e, entendendo que a responsabilidade do processo é do cliente, assim como sua soberania, mesmo tentando orientá-lo de modo diverso, respeitamos sua posição, concluindo que o litígio era necessário naquele momento. Ocorreu que, após pouco tempo de trabalho na empresa e em discussão acalorada entre ambos, ocasionando sua saída de forma abrupta, ele ingressou com a demanda trabalhista, pleiteando por diversas verbas rescisórias do contrato de trabalho, no entanto, seu maior pedido era de indenização por danos morais, supostamente sofridos durante o exercício de sua função na empresa.

Em audiência de instrução e julgamento os irmãos, ora partes de um processo, e em um momento de pleno enfrentamento, sequer se olharam e, durante o depoimento pessoal do reclamante, que exercia o cargo de vendedor na empresa de seu irmão, ficou evidenciado a mágoa na relação parental que adentrou a esfera profissional, ratificando o juiz em sua sentença que o reclamado (dono da empresa) realmente proferiu, por diversas vezes e em diversas oportunidades, palavras de baixo calão ao seu irmão no ambiente de trabalho, aproveitando-se de sua posição hierarquicamente superior.

Não obstante e inconformado com sua derrota em primeira instância, o empresário, em vez de aceitar o acordo oferecido pelo advogado para pagamento do valor arbitrado em sua condenação, preferiu seguir com o processo em sede de recurso ordinário para que a sentença fosse revertida, o que também não obteve êxito, elevando ainda mais o valor condenado a ser pago, e, ainda, evidenciando seu nervosismo e inconformismo, especialmente reforçando o fato de que se tratava de seu irmão e, segundo o reclamado, este não merecia qualquer valor.

É notório que nesse delicado caso, por ser um assunto de família e profissional, verifica-se que além da falta de amor e respeito entre os envolvidos, observou-se a quebra das leis do amor no tocante à hierarquia; pelo reclamante, não respeitando a posição de seu irmão empresário e que lhe concedeu o emprego, e, por outro lado, pelo reclamado em utilizar-se de sua posição para ofender moralmente, achando que poderia fazê-lo por serem irmãos, misturando o aspecto familiar com o profissional.

Além disso, outra quebra nas leis do amor de Bert identificada e que se encaixa ao presente caso foi a do equilíbrio, pois o irmão desempregado e em difícil situação recorre ao outro pedindo por socorro, mas ao recebê-lo não é grato, esnobando da oferta e da função, pois em sua consciência achava que deveria exercer algo melhor, sem atentar-se se o irmão teria mesmo a possibilidade de lhe proporcionar isso, o que gerou grande desequilíbrio na relação.

Poderíamos citar vários outros exemplos, de diversas áreas do direito, como direito previdenciário, empresarial, entre outros; contudo, o importante é deixar claro que em todas as áreas do direito é perfeitamente possível aplicar uma advocacia mais humanizada.

O direito sistêmico por não ser um ramo do direito; disciplina, e sim uma visão mais ampla das relações, permite uma busca à pacificação social e nós advogados sistêmicos temos uma postura que promove a humanização e o consenso.

Importante deixar claro que o Direito Sistêmico não visa acordos, mas, sim, um atendimento mais humanizado, relacional. Nós advogados fazemos uma análise jurídica, concomitantemente com o atendimento mais humanizado, e isso não é fazer acordos, mas, sim, conhecer nossos clientes e toda a relação, pois nem sempre o acordo será o melhor caminho, porém os consensos são mais frequentes quando o cliente consegue ampliar a visão diante de seu conflito.

Desse modo, gostaríamos que, por meio destas poucas páginas, você, leitor, pudesse compreender a importância da advocacia humanizada na atualidade, embora muitos digam que, com a inteligência artificial, aquela seria deixada de lado em benefício dessa, temos a certeza que toda a informatização do judiciário, como os processos digitais, assim como a utilização de robôs em processos, o que fará a diferença é o atendimento humanizado, pois teremos mais tempo para dedicarmos aos nossos clientes, a escutá-lo melhor e, desse modo, ter uma comunicação mais eficaz.

Compreender que o advogado enquanto facilitador poderá e deverá utilizar, acoplado ao seu conhecimento jurídico (este que deverá ser o mais completo possível), técnicas alternativas e mais humanizadas em seu escritório, ter uma comunicação mais efetiva com seu

O futuro humanizado do direito

cliente, buscando ampliar a visão das partes e, assim, muitas vezes obter uma composição amigável; oferecendo mais efetividade na resolução dos conflitos do que esperar uma decisão judicial a qual, na maioria das vezes, não põe fim ao conflito, mas apenas ao processo.

Em nosso escritório a confiança, respeito e reconhecimento de nossos clientes, não estão ligados a uma batalha litigiosa e sim a um trabalho árduo, a nossa competência jurídica, harmoniosa, ética, zelosa e transparente, pois temos a consciência que para sermos reconhecidos não é preciso ingressar ao judiciário em litígios intermináveis, mas, sim, facilitar a resolução da maioria dos conflitos de nossos clientes de forma alternativa e humanizada.

Ainda gostaríamos de usar a frase de uma de nossas mentoras na Advocacia Sistêmica, Marcella Santos:

> O advogado tem que tirar as vendas de seus olhos e resgatar uma visão sistêmica para possibilitar o empoderamento das partes, mostrar a elas o contexto geral do conflito e, de forma respeitosa, harmônica e honrosa, facilitar para que elas cheguem à solução do litígio sem precisar que um terceiro "judiciário" decida.

Conscientes de que a sentença define supostos "culpados" enquanto um acordo aponta responsabilidade e permite uma possível recuperação.

Finalizamos este capítulo com a certeza que estamos iniciando um novo caminho na advocacia, esperamos que tenhamos deixado uma sementinha de curiosidade a você, leitor, para que se possível, juntos, possamos percorrer essa linda trajetória; com a famosa frase de "Gandhi", que vem ao encontro com nossa maneira de advogar.

"Minha alegria foi ilimitada. Eu aprendi a praticar a lei da verdade. Aprendi a descobrir o melhor aspecto da natureza humana e a alcançar os corações dos homens. Percebi que a verdadeira função de um advogado era unir as partes."

Referências

BRASIL. Constituição da República Federativa do Brasil. 57. ed. São Paulo: Saraiva, 2019.

BRASIL. LEI Nº 13.105, DE 16 DE MARÇO DE 2015. Código de Processo Civil. Disponível em: <http://www.planalto.gov.br/ccivil_03/_ato2015-2018/2015/lei/l13105.htm>. Acesso em: 10 de jul. de 2019.

CARVALHO, Bianca Pizzatto. *Constelações Familiares na Advocacia Sistêmica*. Joinville, SC: Manuscritos, 2018.

GUEDES, Olinda. *Além do aparente - um livro sobre Constelações*. Brasil, APPRIS, 1. ed. 2015.

HELLINGER, Bert. *Ordens da ajuda - um livro de treinamento*. Brasil, Atman, 2005.

REALE, Giovanni; ANTISERI, Dario. *História da filosofia*. Paulinas, 1991.

SANTOS, Marcella. *Curso Básico da Advocacia Sistêmica*. Data Completa, 2018.

SILVA, Mauricio Oscar da Rocha. *O mito cartesiano e outros ensaios*. São Paulo: Hucitec, 1978.

Capítulo 8

O Direito Sistêmico e a Justiça Restaurativa: caminhos de acolhimento e reencontro!

Fabiana da Cunha Fernandes da Costa

Um convite para que se lance um novo olhar sobre os conceitos de culpa, justiça, crime, punição; a proposta de um novo caminho de condução para os conflitos internos e interpessoais; uma reflexão sobre a amplitude dos resultados gerados quando se decide tocar o mundo do outro.

Fabiana da Cunha Fernandes da Costa

Advogada desde 1996, formada em Direito pela UBC - Universidade Braz Cubas no ano de 1995; concluiu pós-graduação lato sensu em Direito das Relações do Trabalho pela UMC - Universidade de Mogi das Cruzes, em 1997; concluiu pós-graduação lato sensu em Direito Processual Civil na UBC - Universidade Braz Cubas, em 2007; concluiu curso de extensão universitária de Agente Promotor de Saúde Integral pela UNIESPÍRITO - Universidade Internacional de Ciências do Espírito, em 2014; foi Secretária Municipal de Políticas para Mulheres de Itaquaquecetuba-SP, de 2014 a 2016; atualmente, Secretária Municipal de Desenvolvimento Social de Itaquaquecetuba-SP e coordenadora da Câmara Técnica de Políticas Públicas para Mulheres do Condemat – Consórcio de Desenvolvimento dos Municípios do Alto Tietê.

Contatos
fabianacfcosta@hotmail.com
(11) 97134-8975

> "Ser o senhor da minha alma
> e o capitão do meu destino!"

Parafraseando os versos de William Henley, no poema Invictus, escrito no século XIV, refletimos sobre o anseio universal de toda a humanidade, de todos aqueles que se reconhecem, individualidade pensante e criadora. Contudo, o livre-arbítrio encontra limites na vontade do outro e nas convenções sociais, bem como no poder do Estado, que personifica, muitas vezes, o verdadeiro senhor dos nossos destinos!

Nos conflitos de vontades e interesses que sempre moveram a humanidade, tornou-se necessária a intervenção estatal, por meio dos mecanismos de aplicabilidade do Direito de maneira ampla e abrangente; no caso em tela, falamos do Direito Penal e seu caráter restritivo, especialmente no que tange à responsabilidade do Estado em "chamar para si" o processamento e a punição da falta, independentemente da vontade da pessoa em situação de violência.

Em contraposição ao conceito de "justiça punitiva-retributiva", ou seja, aquela tradicionalmente adotada no ordenamento brasileiro e em muitos países, onde a punição é feita por meio do encarceramento, promovido pelo Estado, pelo bem da sociedade, em que a atribuição da culpa existe como forma de compensar as consequências do delito cometido; surge a Justiça Restaurativa, que parte do ponto de vista do ofendido, quer dizer, entende-se o crime como um desequilíbrio das relações interpessoais, de forma que a indicação da modalidade de satisfação da ofensa proferida, por assim dizer, cabe àquele que foi prejudicado, e seus reflexos incidem, inclusive, sobre a sociedade, as relações interpessoais e o próprio ofensor.

Releva notar que o termo "Justiça Restaurativa (ou Reintegrativa)" foi utilizado pela primeira vez no ano de 1977, em artigo intitulado como *Beyond Restitution: Creative Restitution* (traduzido como "Além da Restituição: Restituição Criativa"), elaborado por Albert Eglash, um psicólogo que, na década de 1950, trabalhava com pessoas encarceradas e que acreditava ser realmente importante para

O futuro humanizado do direito

estas que tomassem consciência de seus atos e se responsabilizassem por suas consequências. Esse artigo veio à luz na obra *Restitution in Criminal Justice* (Restituição na Justiça Criminal), escrita por Joe Hudson e Burt Gallaway.

Para entender a Justiça Restaurativa é necessário "trocar as lentes", como bem escreveu o grande professor de Sociologia Howard Zehr, ou seja, é necessário olhar de maneira ampla e profunda, com foco nas dimensões sociais, aceitando enxergar caminhos alternativos para transformar o binômio "crime-justiça" em "problema-solução". É necessário ampliar a visão sobre o conceito de crime, deixar de encará-lo como uma violação contra o Estado, definida pela desobediência à lei, e que, por meio de regras sistematizadas, determina culpa e insere dor nessa disputa entre ofensor e Estado. Enxergar de maneira restaurativa é compreender que o crime é uma violação de relacionamentos entre pessoas e que cria ao ofensor a obrigação de corrigir seu erro, cabendo à Justiça envolver agressor, ofendido e comunidade para promover a reparação, reconciliação e segurança.

No processo penal, através de lentes retributivas, não se enxerga a vítima, e se fracassa na intenção de responsabilizar o agressor e coibir o crime. Passando a olhar com lentes restaurativas, possibilitamos à vítima ver oportunidade de cura e reparação da lesão gerada.

> Cura para as vítimas não significa esquecer ou minimizar a violação. Implica num senso de recuperação, numa forma de fechar o ciclo (grifo nosso). A vítima deverá voltar a sentir que a vida faz sentido e que ela está segura e no controle. O ofensor deveria ser incentivado a mudar. Ele ou ela deveriam receber a liberdade de começar a vida de novo. A cura abarca um senso de recuperação e esperança em relação ao futuro[1].

Investir na reconciliação, sanar o relacionamento entre ofensor e vítima, por meio de mecanismos para estabelecer arrependimento e perdão, seria o melhor antídoto para a perpetuação de situações de violência na atualidade. É evidente que em muitos casos não será possível alcançar uma situação de reconciliação verdadeira, nem algo semelhante à intimidade ou confiança,

---

1 ZEHR, Howard. *Trocando as lentes: um novo foco sobre o crime e a justiça.* Justiça Restaurativa. ISBN 978-85-60804-05-4, trad. de Tônia Van Acker. São Paulo: Palas Athena, 2008, página 176.

tendo em vista que as partes jamais poderão ser coagidas a se reconciliarem. Transpor o clima de hostilidade, comum nesses casos, é um grande desafio, cabendo à Justiça oferecer meios para proporcionar o caminho da reconciliação, jamais obrigando a instalação forçada de sentimentos nas partes envolvidas.

Nesta singela reflexão, cabe lembrar que os ofensores também precisam de cura e merecem ter o direito de conquistá-la. Devem ser responsabilizados por seus atos, e isso deve ser um passo em direção à mudança de comportamento. Mas também precisam que suas outras necessidades e deficiências sejam olhadas.

Nesse viés, citamos a "Justiça Bíblica", que apesar de edificar suas diretrizes iniciais no conceito mosaico do Olho por Olho, Dente por Dente, nos traz apontamentos surpreendentes quando olhamos, de forma mais detida, sobre a "Lei de Talião".

Ao examinarmos a Bíblia, especialmente no que tange ao Antigo Testamento, devemos ter em mente que se refere a um contexto totalmente diferente do nosso, em termos de estrutura social, filosofia e sistema político. Naquele tempo, o conceito de culpa era algo coletivo, bem como a responsabilidade, razão pela qual existiam cerimônias coletivas de penitência e sacrifício. Observamos ainda que situações de assassinato e furto estão contempladas no mesmo "documento legislativo" que trata de práticas agrícolas, adoração, vestimenta e casamento. Boa parte das "ofensas" são "pacificadas" com rituais e outras práticas de ordem religiosa.

Com o advento de Cristo e a chegada da "Nova Aliança", acessamos uma filosofia avançadíssima, que se descortina propondo inovações formidáveis nos conceitos de culpa e reparação, trazendo à tona conceitos desconhecidos, tais como direitos humanos, compaixão, solidariedade e, inclusive, restauração, entre outros.

Um conceito embutido tanto no Antigo quanto no Novo Testamento é o Shalom, uma palavra hebraica que significa as intenções fundamentais de Deus para com a humanidade, traduzida simplesmente como "Paz". Segundo a Bíblia, Deus pretende que o ser humano viva em condições de saúde, prosperidade e abundância. Que todos tenham bom relacionamento mútuo, sem inimizade (não necessariamente sem conflitos). Com relações políticas e econômicas justas (sem exploração e opressão). Com integridade ética, transparente, honesta e sincera. Viver segundo esse conceito é a esperança de muitos...

Na história da humanidade, as chamadas "práticas restaurativas" já figuravam em várias sociedades antigas e em seus sistemas

O futuro humanizado do direito

legislativos, como no Oriente Médio, no Código de Ur-Nammu (2112 a.c.), no Código de Hamurabi (1772 a.c.), na Lei das Doze Tábuas (450 a.c.) e inclusive no Direito Romano, entre outras.

Voltando aos tempos atuais, ainda que nossa Justiça busque ser neutra e imparcial, tratando as pessoas com equidade, não se pode negar que o contexto social do crime, em grande parte das vezes, não é levado em conta. Em termos práticos, vemos que ainda existe uma corrente conservadora que entende o processo penal como um instrumento para discutir a culpa. Que procura dar aos culpados um "justo castigo". Imposta a dor, considera-se que foi um castigo merecido. E ponto final.

Por sorte, movimentos iniciados na década de 1970 vêm motivando, pelo mundo, reflexões e ações com bases restaurativas, em países como Canadá, África do Sul, Nova Zelândia, Itália, Bélgica, e que culminaram com a mobilização da ONU (Organização das Nações Unidas), para analisar e disciplinar a matéria, incentivando as nações a conhecer e aplicar técnicas eficazes de mediação e Justiça Restaurativa. No Brasil, tal movimento pode ser sentido na nossa Constituição Federal (art. 98, inciso I, que fala da possibilidade de conciliação e transação em casos de infração penal de menor potencial ofensivo) e no ECA (Estatuto da Criança e do Adolescente), artigo 126, sobre remissão do processo penal, entre outros.

Em 2016, após recomendação da ONU para que os países adotassem práticas restaurativas, o CNJ (Conselho Nacional de Justiça) baixa a Resolução n°. 225, de 31/05/2016, adotando em nosso ordenamento jurídico tal instituto.

Por meio dos chamados círculos restaurativos (ou círculos de paz), ofensor, vítima, seus familiares e demais membros da comunidade reúnem-se em espaço neutro, não delegacia ou fórum, e na presença de um facilitador restaurativo (pessoa devidamente capacitada em técnicas autocompositivas e consensuais de solução de conflitos próprias da Justiça Restaurativa), incumbido de propor um diálogo e proporcionar oportunidade para que as partes reflitam e exponham seus pensamentos, com vistas a uma real pacificação, advinda da satisfação das necessidades de todos os envolvidos, na qual o ofensor trabalhará ativamente para restituir à vítima aquilo que lhe foi tirado, do ponto de vista material e imaterial, inclusive. Nesse processo, que visa a substituição de penas restritivas de liberdade por formas mais brandas de punição/responsabilização (e que façam sentido às partes), visando inclusive a não reincidência, eliminando focos de vingança ou revide, todos têm oportunidade de se expressar e refletir na sua corresponsabilidade pelo momento: agressor, vítima, pais e familiares, vizinhos, amigos, enfim, todos que fazem parte daquela comunidade e sentiram os reflexos da ação infeliz. É importante frisar que o círculo restaurativo pode se realizar mais de uma vez, inclusive antes mesmo do conflito ser "judicializado", observando-se que há recomendação do próprio Poder Judiciário para que se promova o processo de forma restaurativa nas competências de Juizado Especial, Infância e Juventude e também Vara de Família, especialmente no que tange à violência doméstica e familiar (conforme entendimento de alguns tribunais do Rio Grande do Sul, São Paulo, Distrito Federal, Santa Catarina e Minas Gerais, entre outros).

Ao facilitador restaurativo, que pode ser um servidor do tribunal, agente público, voluntário ou indicado por entidades parceiras, cabe apresentar as etapas do processo aos envolvidos e explicar-lhes os benefícios do ponto de vista mais amplo e sublime, para que esses aceitem fazer parte de livre vontade, pois não existe intimação judicial para esse tipo de atividade, tendo em vista que não se pode forçar ninguém a aceitar ou propor um acordo. Ao facilitador cabe, ainda, ouvir as partes de forma individual e sigilosa, sendo certo que a eventual admissão de culpa ou a confissão de outros crimes ou delitos não serão levados a termo e, portanto, não comunicadas nos autos do processo restaurativo. Vale a pena destacar que o processo restaurativo não visa promover a "absolvição plena" do ofensor, visa fazer com que este e todos os atores envolvidos direta ou indiretamente no fato reflitam sobre a extensão e profundidade das consequências de seus atos, bem como na necessidade de uma reparação, justa e coerente. Existem relatos, inclusive, de que o "pedido de desculpas" verbalizado, em alto e bom som, acompanhando da explicação dos motivos equivocados que levaram ao cometimento do delito, realiza muito mais benefícios, terapeuticamente falando, para a pessoa agredida e seus familiares do que a satisfação pecuniária ou mesmo a restituição de um bem ou objeto perdido. A chamada cura, propriamente dita, traduzida na possibilidade de seguir em frente...

Finalmente, do procedimento restaurativo deve ser formulado acordo decorrente da livre expressão da vontade de todos os participantes, e os seus termos, aceitos voluntariamente, conterão obrigações razoáveis e proporcionais, que respeitem a dignidade de todos os envolvidos, conforme a regra do artigo 2º, parágrafo 5º da Resolução nº 225 do CNJ.

O futuro humanizado do direito

No decorrer dos anos, têm sido abundantes as experiências de vários tribunais que têm colhido menor índice de encarceramento e reincidência em seus territórios, e maior índice de reintegração social e pacificação das comunidades. Dentre as técnicas aplicadas, destacamos com grande eficiência as técnicas sistêmicas e as Constelações Familiares, que vêm revolucionando os olhares daqueles que as conhecem[2].

Pelo modelo tradicional da Justiça Restaurativa, ofensor e ofendido devem estar frente a frente para realizar o processo de reconciliação. Contudo, a negativa de uma ou de ambas as partes, ou mesmo a impossibilidade de fazê-lo, por motivos de distância física ou pelo falecimento da vítima, impossibilitam que o processo se dê de forma planejada, razão pela qual a técnica sistêmica tem se mostrado de total eficiência, possibilitando ao participante (que via de regra é atendido em encontros individuais) que possa beneficiar-se do entendimento e do autoperdão. Não se pode perder a oportunidade de ofertar mecanismos de reflexão àquele que dela necessita, para seu processo de responsabilização, entendimento e restauração. Releva notar que a abordagem sistêmica não invalida ou substitui o círculo restaurativo ou a mediação entre vítima e agressor, mas que amplia a possibilidade de novos caminhos de construção de uma cultura de paz.

Para a aplicação prática das técnicas restaurativas, há que se capacitar o facilitador, nos postulados daquele sistema filosófico, a quem caberá acolher plenamente o assistido, a partir de escuta imparcial e isenta de julgamentos, sabendo tocar com delicadeza e respeito o mundo do outro, sendo certo que o desenvolvimento dos trabalhos não lhe permita atribuir papéis de vítima ou culpado ao seu interlocutor, pois sua função é conduzir e amparar, não julgar. Importante frisar que a característica essencial de quem se propõe a conduzir processos restaurativos é o conhecimento de si mesmo e a busca do equilíbrio, para que suas questões internas não venham a embaçar-lhe a visão e transferir seus conflitos internos para o mundo daquele a quem lhe compete mediar.

A título de exemplo, elencamos algumas experiências práticas descritas na obra de Márcia Sarubbi Lippman, e que exemplificam alguns dos caminhos propostos, através da realização sistematizada de círculos temáticos de paz, ou seja, com objetivos de reflexão previamente desenhados[3]:

---

2 "Constelação Familiar" ou "Reordenamento Familiar" são termos cunhados pelo psicoterapeuta alemão Bert Hellinger, nascido em 1925, que desenvolveu, através de observação e convivência com povos antigos da África, um sistema filosófico chamado "Psicoterapia Sistêmica Fenomenológica" baseado nas "ordens de amor". São elas Pertencimento, Equilíbrio e Hierarquia.
3 OLDONI, Everaldo Luiz; OLDONI, Fabiano; LIPPMANN, Márcia Sarubbi. *Justiça restaurativa*

- **Círculo da Inclusão**, que tem como objetivo promover um espaço de acolhida e percepção das relações interpessoais, bem como a força dos vínculos transgeracionais, ou seja, a ascendência do sistema familiar sobre a vida e a existência prática de cada indivíduo;

- **Círculo da Hierarquia**, que apresentará aos participantes o funcionamento da hierarquia sistêmica em sua família, ambiente de trabalho, associação, escola, comunidade, inclusive as consequências de desrespeitos e violações dessa lei;

- **Círculo do Equilíbrio**, que visa a compreensão dos mecanismos de dar e receber e reflexos de seu desequilíbrio nas relações familiares e afins;

- **Círculo da Ajuda**, que aborda o tema da ajuda saudável, do "saber ajudar" o outro, sem causar prejuízo para nós mesmos;

- **O Genograma circular** (genograma a serviço da paz) busca desenvolver "a capacidade de ver a própria família não mais como um conjunto de pessoas, mas, sim, como imagens introjetadas emotivamente[4]".

Destacamos ainda que existem outras ferramentas dentro da abordagem sistêmica e que compõem essa gama de recursos à disposição do autoconhecimento do assistido, tais como meditações, exercícios práticos de compreensão dos sentimentos, Constelações Familiares, sempre oferecidas por facilitador capacitado.

Concluímos, finalmente, que as novas ferramentas agregadas ao universo jurídico brasileiro, especialmente aquelas que tratam do indivíduo enquanto alma, com todas as suas vivências e idiossincrasias, são a verdadeira chave para a construção de uma nova ordem, possível, de amor, respeito e pacificação.

---

sistêmica. Manuscritos Editora, ISBN 978-85-92791-32-2, Joinville, SC, 2018.

4 OLDONI, Everaldo Luiz; OLDONI, Fabiano; LIPPMANN, Márcia Sarubbi. *Justiça restaurativa sistêmica.* Manuscritos Editora, ISBN 978-85-92791-32-2, Joinville, SC, 2018, p. 120.

O futuro humanizado do direito

Referências

MIRSKY, Laura. *Albert Eglash and creative restitution: a precursor to restorative practices.* Disponível em: <https://www.iirp.edu/news/albert-eglash-and-creative-restitution-a-precursor-to-restorative-practices>. Acesso em: 29 de jul de 2019.

MORAD, Antonio Carlos. *A diferença da justiça retributiva e justiça restaurativa.* Disponível em: <http://morad.com.br/a-diferenca-da-justica-retributiva-e-justica-restaurativa/>. Acesso em: 29 de jul de 2019.

OLDONI, Everaldo Luiz; OLDONI, Fabiano; LIPPMANN, Márcia Sarubbi. *Justiça Restaurativa Sistêmica.* Manuscritos Editora, ISBN 978-85-92791-32-2, Joinville, SC, 2018.

PRUDENTE, Neemias Moretti e SABADELL, Ana Lucia. *Mudança de paradigma: justiça restaurativa.* Disponível em: <http://www.justificando.com/2014/08/29/mudanca-de-paradigma-justica-restaurativa/>. Acesso em: 29 de jul de 2019.

VASCONCELOS, Rayan. *Justiça restaurativa: um novo paradigma.* Revista Jus Navigandi, ISSN 1518-4862, Teresina, ano 22, n. 5164, 21 ago.2017. Disponível em: <https://jus.com.br/artigos/59792>. Acesso em: 7 de fev. de 2018.

ZEHR, Howard. *Trocando as lentes: um novo foco sobre o crime e a justiça. Justiça Restaurativa.* ISBN 978-85-60804-05-4. Trad. de Tônia Van Acker. São Paulo: Palas Athena, 2008.

WIKIPÉDIA. *Justiça restaurativa.* Disponível em: <https://pt.wikipedia.org/wiki/Justi%C3%A7a_restaurativa>. Acesso em: 29 de jul de 2019.

Capítulo 9

Teoria dos Sistemas e Complexidade

Luci Mendes de Melo Bonini

Analisa-se a Teoria dos Sistemas, o Pensamento Sistêmico e as possíveis aplicações dessa teoria numa breve síntese. Este ensaio apresenta aspectos históricos e conceituais sem o propósito de esgotar o assunto.

Luci Mendes de Melo Bonini

Doutora e mestre em Comunicação e Semiótica pela Pontifícia Universidade Católica de São Paulo (PUC-SP), docente no Programa de Mestrado em Políticas Públicas e dos cursos de graduação da Universidade de Mogi das Cruzes (UMC). Docente colaboradora do Mestrado em Habitação do Instituto de Pesquisas Tecnológicas – IPT. Desenvolve materiais para plataformas digitais de educação a distância. Realiza trabalhos voluntários em associações e organizações não governamentais. Autora de livros, capítulos de livros e artigos científicos que abordam as políticas públicas de cultura, educação, saúde, meio ambiente e habitação.

Contatos
lucibonini@gmail.com
Facebook: lucibonini
Instagram: boniniluci

Introdução

A Teoria Geral dos Sistemas foi proposta inicialmente em 1930 por Von Bertalanffy (1968) como uma teoria universal da organização das partes em todos. Um sistema foi definido como "um complexo de elementos interagentes" (NAPUTANO, 2017). A partir de então, essa teoria tomou corpo entre as várias ciências, e estudiosos foram aplicando suas bases para outros campos até que Niklas Luhmann a aplicasse aos sistemas sociais (KLEIN, 2017).

Entender a sociedade como um sistema é importante, uma vez que ela é dinâmica e complexa. A Complexidade também foi alvo de reflexões de Luhmann e Morin, esse último afirmava que o todo é maior do que a soma de suas partes, pois um sistema tem algo a mais que seus componentes considerados isoladamente (MORIN, 2008).

Esse pequeno ensaio não traz respostas, pelo contrário, emergem aqui algumas reflexões sobre o conceito de sistemas, de Pensamento Sistêmico e alguns apontamentos históricos sobre essa teoria e como ela vem sendo utilizada para estudos nas ciências sociais.

Não há como esgotar o assunto, mas o leitor interessado pode seguir as minhas pegadas, que ficam nas referências utilizadas neste breve estudo e, quem sabe, aprofundar-se numa apaixonante aventura do conhecimento humano.

Teoria dos Sistemas – breve panorama histórico

A realidade é dinâmica e complexa. À medida que a população se adensa, que os sistemas políticos e econômicos ficam cada vez mais complexos, assim também se tornam os conflitos entre civilizações e grupos sociais, todo o complexo das dinâmicas sociais necessita de novos olhares para buscar respostas, e a Teoria dos Sistemas vem sendo utilizada há algum tempo a fim de se compreender mais aprofundadamente como a realidade humana vem se transformando e como ela pode ser estudada.

O futuro humanizado do direito

Nas diferentes áreas do conhecimento como física, matemática, biologia, medicina e ciência da informação, entre outras, a Teoria dos Sistemas recebeu inúmeras aplicações. Atualmente, cabos submarinos ligam pessoas, companhias, negócios, governos a fim de se solucionarem problemas com mais velocidade, da mesma forma, meios de comunicação aproximam e distanciam pessoas, dependendo de suas crenças e seus valores. Assim, também pode-se afirmar que os sistemas integrados, com um simples número de cadastros de pessoa física (CPF), DNA ou qualquer outro identificador pessoal, podem encontrar muitas informações sobre o que se quiser, essa é a base da Teoria dos Sistemas, onde tudo está interconectado. A inteligência artificial está aí, e pode trabalhar incansavelmente e fazer pontes entre diferentes informações.

A Teoria Geral dos Sistemas é composta de alguns conceitos e princípios relevantes, pois ela descreve organizações dinâmicas ou em mudança, de sistemas estáveis ou passivos. Organizações dinâmicas são estruturas de atividades ou elementos que atuam em comportamentos e procedimentos, os grupos sociais, os organismos vivos. Organizações passivas representam estruturas e elementos que estão sendo processados.

Ludwig von Bertalanffy (1901-1972), biólogo, intrigado com as teorias de causa e efeito e influenciado pelas teorias sociológicas de Weber e Durkheim, buscou explicações para certas mudanças, entendendo que as mesmas poderiam ocorrer em virtude da interação entre as partes de um organismo (FRIEDMAN e ALLEN, 2014).

Esses mesmos sociólogos influenciaram Talcott Parsons (1951), que chamou sua teoria de Funcionalismo Estrutural, segundo a qual a estrutura social envolve interações e relacionamento entre atores. Essas duas teorias, vamos dizer assim, nasceram quase simultaneamente e, portanto, um novo paradigma emergiu para guiar a construção de modelos em todas as ciências (KLEIN, 2017).

A teoria de von Bertalanffy ganhou amplo reconhecimento nas ciências físicas e sociais e é frequentemente associada à cibernética, uma teoria matemática de comunicação e feedback regulatório desenvolvida por W. Ross Ashby e Norbert Wiener nas décadas de 1940 e 1950 (CORDON, 2013; KLEIN, 2017).

A teoria de Niklas Luhmann vem em seguida a esses eventos. Luhmann formou-se em Direito em 1949, na Alemanha, e em sua estada nos Estados Unidos conheceu a teoria de Talcott-Parsons. Luhmann utiliza-se de um olhar interdisciplinar, usando conceitos advindos de outras áreas do conhecimento, como a física, a biologia e as tecnologias em geral (KUNZLER, 2004).

Luhmann (2018) busca explicar como se estabelece e se mantém a ordem social, repensa o conceito de sociedade e de classe social. Ele não queria que sua teoria fosse universal, uma panaceia que explicasse o inexplicável, mas foi o que aconteceu, muitas áreas do conhecimento buscaram no Pensamento Sistêmico seus métodos. Uma teoria universal é aquela que explica a si mesma, um sistema deve olhar para si mesmo e se autoexplicar e, neste ponto, tomo a palavra de Luhmann: ubiquidade. É ubíquo o que está em todos os lugares ao mesmo tempo, assim como o todo, maior do que a soma de suas individualidades (MORIN, 2008).

Em síntese, no cenário de uma sociedade, ao longo do século XX, com panorama de duas guerras mundiais e uma guerra fria, no avanço tecnológico que conduziu o homem à aventura espacial, na descoberta de tantas curas e ainda arraigado ódio entre raças e religiões sendo disseminado gerando guerras civis e conflitos que se estendem até o século XXI, a Teoria dos Sistemas foi se delineando e dando corpo ao conhecimento humano. Nesse panorama, cabe falar da Complexidade, pois ela resulta do indeterminismo, do acaso, do caos, da imprevisibilidade, da entropia em que vive a sociedade. Complexa como o pensamento humano, a sociedade pode ser compreendida em seu todo, pelo estudo de suas partes, e de volta, para o todo.

Sistema e pensamento sistêmico

Um sistema pode ser conceituado como um todo e suas partes inter-relacionadas num processo dinâmico entre essas partes, e o ambiente gerando muitas possibilidades e algumas escolhas, que podem advir do acaso, de regras impostas ou criadas por um grupo, por uma parte, ou seja, o sistema é tão complexo quanto o seu próprio conceito. Um sistema compreende um processo comunicacional cujo interior tenha receptores e emissores que podem trocar de papéis, há diferentes códigos e mensagens que transitam por diferentes canais, que podem, ou não, serem vítimas de ruídos adversos.

Von Bertalanffy diferenciava entre sistemas abertos e fechados. Os sistemas vivos são totalidades integradas cujas propriedades não podem ser reduzidas às partes menores. Suas propriedades essenciais, ou "sistêmicas", são propriedades do todo, que nenhuma das partes possui. Elas surgem das "relações de organização" das partes, isto é, de uma configuração de relações ordenadas que é característica dessa determinada classe de organismos ou sistemas. A teoria sistêmica social nasce com um olhar para o equilíbrio, uma herança da física, da lei da termodinâmica (LUHMANN, 1998).

A Teoria dos Sistemas requer pensamento estratégico sobre as possibilidades e limitações de mudança nos diferentes sistemas que afetam o ambiente do usuário, bem como uma compreensão das possibilidades de intervenção em cada sistema (DE SHAZER, 1982; PENN,1982). O Pensamento Sistêmico, considerando o comportamento em configurações específicas e com sujeitos e organizações específicos, pode ser uma estratégia útil para uma compreensão do todo. Além disso, possuir uma compreensão das possibilidades de intervenção dentro de cada sistema permite pensar criativamente sobre diferentes cursos de ação e resultados potenciais (BYNGHALL, 1988). As propriedades sistêmicas são destruídas quando um sistema é dissecado em elementos isolados (UHLMANN, 2002).

O Pensamento Sistêmico leva em consideração o contexto, ou seja, todo o ambiente que o envolve. Há aí uma noção de inter-relação, de trocas, de movimento, mudança e adaptação. Compreender um sistema no nível contextual requer que para se entender alguma coisa é necessário entendê-la como tal e num determinado contexto maior, ou seja, como componente de um sistema maior, que é o seu, também chamado ambiente.

Globalidade é um conceito que está anexado ao Pensamento Sistêmico, uma vez que um sistema funciona como um todo coeso e, claro está, que quando uma pequena mudança ocorre, ela provoca mudanças no todo. Embora ocorram mudanças no todo, existe aí o conceito de não-somatividade, a exemplo disso tem-se o conceito de família como um todo, porém as individualidades se mantêm. O sistema resiste a algumas mudanças em nome do equilíbrio. Há em seu interior um processo de autorregulação que chamamos de homeostase, porém há um processo oposto, o da morfogênese, aquele processo em que fatores externos podem alterar a organização interna. Some-se a esses conceitos mais dois: a circularidade, ou relação entre elementos, e equifinalidade, a homeostase final, ou seja, num sistema aberto existem parâmetros que determinam o seu equilíbrio, nem sempre as condições iniciais geram diferentes resultados (GOMES et al, 2014).

Uhlmann (2002) assim sintetiza o pensamento sistêmico a partir de Capra: "Pressuposto ontológico: o TODO justifica as PARTES e as PARTES são fundamentais para o TODO X O TODO dá sentido para as PARTES que o compõem – a assim chamada organização".

Capra (1996) afirma que "o estado de equilíbrio é, então, aquele em que a entropia atinge o valor máximo". Entropia na lei da física é a desordem do sistema, ou seja, quanto maior a desordem, mais entropia, quanto mais entropia, mais o sistema vai em busca da ordem. Lembra a máxima chinesa do I-Ching: todo caos antecede a uma nova ordem.

Dois conceitos importantes para o equilíbrio são: *feedback* e retroalimentação. Nos sistemas tecnológicos de informação e comunicação, esses dois conceitos parecem claros, mas num sistema entre vivos, ou mais ainda, entre seres humanos, como isso ocorre num panorama de diversidade em que se vive, principalmente nos grandes centros urbanos? Os processos comunicacionais necessitam de uma resposta (*feedback*) para, dessa forma, continuar alimentando o sistema (retroalimentação). Nos sistemas sociais, os processos comunicacionais são complexos: vive-se num mundo onde várias línguas são faladas, no qual mesmo onde se falam as mesmas línguas há diferentes crenças e valores a partir dos quais emergem conflitos que, por sua vez, ameaçam a homeostase.

Diante desses conceitos, passa-se para o esboço de um conceito de sistemas sociais. Os grupos sociais diversos, a sociedade, são considerados sistemas abertos à luz da Teoria dos Sistemas. O conceito de sistemas no campo social, também chamado teoria dos sistemas sociais, examina o mundo como a estrutura complexa de ambientes, incluindo pessoas e suas opiniões, como eles se relacionam com um todo (por exemplo, um clube, uma associação, uma igreja etc.).

Na sociologia, a estrutura social é a teia padronizada de relacionamentos que representa um conceito racional que existe entre sujeitos, grupos e instituições. O sujeito pode se relacionar diretamente com várias organizações culturais; exemplos de organizações sociais incluem unidades familiares nucleares, sociedades, cidades, países, campi universitários, corporações e indústrias.

A teoria do sistema de regras sociais observa que a maior parte da atividade social humana é organizada e regulada por sistemas de regras produzidos e reproduzidos socialmente. Essas regras têm uma existência tangível nas sociedades – na linguagem, costumes e códigos de conduta, normas e leis, e em instituições sociais como família, comunidade, mercado, empresas comerciais e agências governamentais. Assim, essa teoria postula que a criação, interpretação e implementação de regras sociais são universais na sociedade humana, assim como sua reformulação e transformação.

Agentes humanos (sujeitos, grupos, organizações, comunidades e outras coletividades) produzem, carregam e reformam esses sistemas de regras sociais, e isso frequentemente ocorre de maneiras que eles não pretendem nem esperam. Isso não significa que os sistemas de regras sociais não mudem. Eles podem e fazem, e essa mudança pode ser endógena e exógena para a sociedade. A implementação de regras – e a manutenção de alguma ordem – sempre exige experiência acumulativa, ajuste, adaptação etc. Dessa forma, geram-se inovações normativas e institucionais. Há uma interação contínua – uma dialética – entre o regulado e o não regulado. E tudo se recria, se reproduz e renasce.

Autopoiesis

Para Luhmann (1998), a sociedade consiste em comunicações e não em seres humanos, o que auxilia a busca do equilíbrio, da autopoiesis. Os seres humanos ainda podem ser tomados como parte da natureza, como organismos que existem antes da sociedade. As comunicações não são naturais no sentido de constituírem um fenômeno emergente de evolução cultural (e não natural ou biológica), um novo e decisivo estrato ontológico e uma realização evolucionária (KLEIN, 2017). A ontologia de Luhmann distingue três tipos de sistemas autopoiéticos separados ontologicamente: sistemas vivos, sistemas psíquicos e sistemas sociais (MELLO JR., 2013).

A autopoiese é composta de dois vocábulos gregos: *auto*, que significa a partir de si mesmo, e *poiesis*, que significa criação. Portanto, implica autocriação. Luhmann (1998) ampliou a ideia, escrevendo que os sistemas mentais (pertencentes às pessoas) e os sistemas sociais são autopoiéticos. Então, ele "faz" organizações culturais autorreferenciais e "fechadas".

A autopoiese é o procedimento pelo qual uma organização se regenera por meio da autorreprodução de seus componentes pessoais e do sistema de interações que os distingue. É o fenômeno que leva à renovação, reparação, e reproduz ou se reproduz no fluxo da matéria e da vida. A autopoiesis é equilíbrio no qual a variável importante da estrutura que é tomada estável é a própria organização do sistema (MATURANA e VARELA, 1980). A estrutura autopoiética renova, repara e reproduz ou se reproduz no fluxo da matéria e da vida. De um ponto de vista puramente maturano, a autopoiese é o resultado de vários processos de aprendizagem que diferenciam um grupo social de outro (MARIOTTI, 1999).

Na sociedade humana, essa coleção de construtos, produtos e ações interconectados por meio dos quais os humanos se comunicam, interagem uns com os outros e se conscientizam de si mesmos e do mundo ao seu redor. Isso não faz parte do pensamento linear, mas sim do Pensamento Sistêmico e/ou Complexo.

A autopoiese relaciona-se com o papel independente de algumas entidades, com o poder de determinar e desenvolver-se por sua dinâmica pessoal. A resiliência tem papel preponderante nesses casos.

A autopoiese (autocriação contínua) deve ser adotada como a definição central da vida. Como todas as galáxias, estrelas, planetas, organismos, células, moléculas, átomos e partículas subatômicas se encaixam nessa definição, isso implica que a vida é o processo fundamental do cosmos, um todo vivo autocriador com componentes vivos em permanente interação criativa.

A Teoria dos Sistemas e suas aplicações

Algumas das ideias e conceitos que a Teoria dos Sistemas trouxe, uma vez que Luhmann (1998) fala dos sistemas sociais, dão uma nova visão à dinâmica e à complexidade dos sistemas e subsistemas sociais. As ciências sociais aplicadas podem, nesse sentido, ser consideradas áreas do conhecimento a desenvolver o Pensamento Sistêmicos e novos métodos para estudar os subsistemas, já que o autor está pautado pelo pensamento: o mundo como problema.

> Por sistema social deve aqui entender-se uma conexão de sentido das ações sociais, que se referem umas às outras e se podem delimitar de um meio ambiente de ações não pertinentes. Se partirmos desse conceito de sistema, que tem o seu princípio constitutivo numa diferenciação de dentro e fora, e se tentarmos transcendê-lo, busca-se então uma unidade de referência que já não tem fronteiras. Pergunta-se pelo mundo. O mundo não pode apreender-se como sistema, porque não tem nenhum "fora", frente ao qual ele se delimite.
>
> (LHUMANN, apud SANTOS, 2005, pp. 75-76)

Ou seja, o melhor observador é aquele que está fora do sistema, mas todos estão dentro, logo cada visão sairá de acordo com o observador.

Os princípios da circularidade, da comunicação, do *feedback* são fundamentais para se trabalhar questões sociais. Ora, dessa forma, o Direito, a religião, a psicologia, a administração, a economia, a ciência política e mesmo a área da saúde podem perfeitamente ser pensados à luz do Pensamento Sistêmico.

Luhmann afirma que como sistemas sociais:

> Os conflitos são unidades autopoiéticas, que reproduzem a si mesmas. Uma vez estabelecidos, é preciso esperar pelo seu prosseguimento e não por sua finalização. A finalização não pode se dar a partir de sua própria autopoiese, mas apenas a partir do ambiente do sistema – por exemplo, por meio do fato de que um dos litigantes derruba o outro e esse, com isso, é eliminado do prosseguimento do sistema social de conflito. (LUHMANN, 2016 p. 448)

A teoria se propõe a analisar, compreender, estudar o estado dos sistemas: seu momento de equilíbrio, seus movimentos internos, seu processo de transformação e suas leis internas. Assim, as aplicações da Teoria dos Sistemas estão, aos poucos, no Brasil, deixando-se se entrever em algumas publicações.

- Sistemas sociais: famílias e outros grupos sociais são sistemas com propriedades que são mais do que a soma das propriedades de suas partes;
- Sistemas comunicacionais: tecnologias-linguagens-meios de comunicação e *feedback* entre as partes de um sistema são importantes para seu funcionamento;
- Sistemas nas organizações de modo geral;
- Mudanças dentro dos diferentes sistemas (sociais ou outros): podem ocorrer ou ser estimuladas de várias maneiras;
- Eventos como os comportamentos de indivíduos em uma família, uma organização e/ou um grupo social são mais bem entendidos como exemplos de causalidade circular e não como sendo baseados em causalidade linear.

Luhmann (1998) afirma que a transdisciplinaridade é inerente à Teoria dos Sistemas e ao Pensamento Sistêmico, uma vez que a ordem social não pode ser reduzida à sociologia, à psicologia e outras poucas ciências, mais sim de modo amplo, aberto a outras áreas do conhecimento.

Todo sistema tem um limite, e suas propriedades são importantes para entender como o sistema funciona. Eles são, assim, compostos de subsistemas (uma família, por exemplo, um sistema parental, conjugal, de irmãos etc.) que são, eles próprios, partes de suprassistemas maiores – por exemplo, família ampliada, vizinhança, escola, igreja, clube, associações e assim por diante (BECKETT, 1973). Esses subsistemas podem perfeitamente serem estudados à luz da Teoria dos Sistemas, com um olhar transdiciplinar, segundo o autor.

À guisa de conclusão

O Pensamento Sistêmico é complexo. O propósito deste capítulo foi apresentar um breve ensaio sobre a Teoria dos Sistemas e o Pensamento Sistêmico e Complexo. Espero ter causado no leitor uma curiosidade para que ele possa ir além.

As características-chaves do pensamento sistêmico podem ser resumidas da seguinte forma: o primeiro critério, e o mais geral, é a mudança das partes para o todo. Todo sistema possui um grau de complexidade superior às suas partes, ou seja, ele tem suas próprias propriedades.

Aquele que se pensa individualmente jamais compreenderá o todo. Cada um de nós é fruto de uma história pessoal, familiar, e tudo o que vem depois, nossa educação escolar, nossas crenças e valores, o país, sua cultura e sua diversidade, o tempo histórico em que se vive, a política e economia, enfim, somos produtos de uma complexidade, logo somos causa e efeito de mudanças.

Este texto é a ponta do *iceberg* para o Pensamento Sistêmico. Como o próprio idealizador da teoria explicava, nenhum observador ou estudioso da realidade pode atrair para si o princípio da objetividade, pois qualquer observador é parte do sistema, cujas regras e ideologias o transformaram naquilo que ele é. Os significados não são determinados por uma estrutura externa, mas sim pelo próprio significado.

Referências

BECKETT, John A. *General Systems theory, psychiatry and psychotherapy*. International Journal of Group Psychotherapy, 23, pp. 292-305. 1973. Disponível em: <https://doi.org/10.1080/00207284.1973.11492234>. Acesso em: 09 de jul de 2019.

BYNG-HALL, John. *Scripts and legends in families and family therapy*. Family Process, 27, pp. 167-179.1988. Disponível em: <https://www.ncbi.nlm.nih.gov/pubmed/3396682>. Acesso em: 09 de jul de 2019.

CAPRA, Fritjov. *A teia da vida: uma nova compreensão científica dos sistemas vivos*. São Paulo: Cultrix, 1996.

CORDON, C. P. *System theories: an overview of various system theories and its application in healthcare*. American Journal of Systems Science, 2(1), 2013.

DE SHAZER, Steve. *Patterns of brief family therapy: an ecosystemic approach*. New York: Guildford Press. 1982.

FRIEDMAN, Bruce D. ALLEN, Karen. *Systems theory*. In: BRANDELL J. *Essentials of clinical social work* (pp. 3-20). 55 City Road, London: SAGE Publications, 2-014. Doi: 10.4135/9781483398266.n2

GOMES, Lauren Beltrão et al. *As origens do Pensamento Sistêmico: das partes para o todo*. Pensando fam. Porto Alegre, v. 18, n. 2, p. 3-16, dez. 2014. Disponível em: <http://pepsic.bv-salud.org/scielo.php?script=sci_arttext&pid=S1679-494X2014000200002&lng=pt&nrm=iso>. Acesso em 09 de jul de 2019.

KLEIN, Stefan. *Niklas Luhmann, sistemas sociais: esboço de uma teoria geral*. Tempo Soc. São Paulo, v. 29, n. 3, p. 349-358. Dez. 2017. Disponível em: <http://www.scielo.br/scielo.php?script=sci_arttext&pid=S0103-20702017000300349&lng=en&nrm=iso>. Acesso em 09.jul. 2019. http://dx.doi.org/10.11606/0103-2070.ts.2017.125328.

KUNZLER, Caroline de Morais. *A Teoria dos Sistemas de Niklas Luhmann*. Estudos de Sociologia, Araraquara, 16, 123-136, 2004.

LUHMANN, Niklas. *Sistemas sociales: lineamentos par auna teoria general*. Rubí (Barcelona): Antropos Mexico, Universidad Iberoamericana; Santafé de Bogotyá: CEJA, Pontifícia Universidad Javeriana. 1998.

LUHMANN, Niklas. *Sistemas sociais*. Petrópolis: Vozes, 2016.

LUHMANN, Niklas. *Trust and power*. Cambridge: Polity Press, 2017.

LUHMANN, Niklas. *Teoria dos sistemas na prática*. Petrópolis: Vozes, 2018.

MARIOTTI, Humberto. *Autopoiese, cultura e sociedade*, 1999. Disponível em: <www.humbertomariotti.com.br>. Acesso em: 9 de jun. de 2017.

MATURANA, Humberto, VARELA, Francisco J. *Autopoiesis and cognition: the realization of the living*. Boston: Reidel, 1980.

MELO JUNIOR, Luiz Cláudio Moreira. *A teoria dos sistemas sociais em Niklas Luhmann*. Soc. estado. Brasília, v. 28, n.3, p.715-719. Dec.2013. Disponível em: <http://www.scielo.br/scielo.php?script=sci_arttext&pid=S0102-69922013000300013&lng=en&nrm=iso>. Acesso em: 09 de jul de 2019. Disponível em: <http://dx.doi.org/10.1590/S0102-69922013000300013>.

MORIN, E. *O Método 1: a natureza da natureza*. Porto Alegre: Ed. Sulina, 2008.

NAPUTANO, Marcelo. *Intervenções psicossociais em escolas com jovens migrantes das segundas gerações na Itália*. Tese. Faculdade de Ciências e Letras de Assis, Universidade Estadual Paulista. Assis, 2017.

PENN, Peggy. Circular questioning. Family Process, 21:267:280, 1982. Disponível em: <https://doi.org/10.1111/j.1545-5300.1982.00267>.

SANTOS, José Manuel. *O pensamento de Niklas Luhmann*. Covilhã: Universidade de Beira Interior, 2005.

UHLMANN, Günter W. *Teoria geral dos sistemas: do atomismo ao sistemismo*. (Uma abordagem sintética das principais vertentes contemporâneas desta Proto-Teoria). Instituto Siegen. São Paulo, 2002.